**4차
산업혁명
6개의
미래지도**

4차
산업혁명
6개의
미래지도

보스턴컨설팅그룹 서울오피스 지음

○
머리말

가까운 미래
우리의 삶을 뒤바꿔놓을 핵심기술

엄청난 속도로 발전하는 기술은 세계를 이전과는 전혀 다른 곳으로 만들고 있다. 기계로 인한 산업화는 이미 우리 시대의 특징이 되었지만, 이는 기술 발전이 일으킬 혁명의 극히 일부일 뿐이다.

I refer to the technical advances which are so rapidly and widely remaking the world. Industrialization based on machinery, already referred to as a characteristic of our age, is but one aspect of the revolution that is being wrought by technology.

—에밀리 그린 볼치(Emily Greene Balch), 1948년 4월 7일 노벨평화상 강의 중에서

기술은 우리 삶을 바꾸는 힘이다. 대한민국이 수립된 1948년 에밀리 그린 볼치의 연설을 보면 딱히 우리 시대에만 그런 것도 아닌 것 같기는 하지만, 기술의 파급력은 점점 커져 가고 있다. 2010년대 후반 세계가 본격적으로 플랫폼 경쟁에 진입하면서 경제에서 IT가 차지하는 비중은 그 어느 때보다 커졌다.

우리나라는 2000년대 초반 선진국과 함께 닷컴 붐에 올라탔고, 그로 인해 인터넷이 빠르고 폭넓게 확산됐다. 당시의 IT 발전과 확장 속도 등에 대한 기억은 IT의 중요성을 학습시켜 보편적인 인식 수준이 크게 높아졌다. 분명 IT 기술은 우리의 삶 전체를 포괄하는 수준에 이르렀고 경제적 부가가치를 창출하는 수단이라는 인식도 확고하다.

이렇게 IT에 대한 평균 인식 수준이 높은 한국은 IT 강국일까? 우리나라에는 세계 최대 스마트폰과 반도체 제조기업이 있다. 초고속 인터넷과 모바일 통신망이 잘 깔려 있고, 아이들부터 노인들까지 스마트폰을 갖고 있다. 암호화폐 거래량과 거래금액은 종종 세계 1위를 찍는다. 이런 사실을 근거로 우리나라가 IT 강국이라고 결론 내려도 좋을까.

IT 강국이란 뭘 말하는 걸까? 답이 어려우면 질문을 조금 바꿔볼 수도 있다. 미국은 IT 강국인가? 쉽게 '그렇다'는 대답이 나온다. 그렇다면 중국은? 잠깐 멈칫하는 사람이 있을지 모르겠다. 하지만 우리는 주저 없이 중국이 IT 강국이라고 단언한다. 주요 차세대 핵심 기술의 발전과 적용 속도를 기준으로 판단할 때, 중국은 선두 그룹에 있다. 바이두, 알리바바, 화웨이가 주도하는 중국의 인공지능 기술은 이미 세계를 선도하고 있다.

같은 기준을 적용할 때 안타깝게도 지금 우리나라는 IT 강국이 아니다. 예를 들어, 빅데이터 시대는 이미 도래했고, 적지 않은 기업이 빅데이터와 AI를 결합해 핵심전략에 활용하고 있다. 고객 프로필이나 가격 제시 시점, 제공 상품 등에 있어 고도로 세분화되고 표적화된 상품 및 서비스 제공이 이미 현실화됐다. 미처 그 대열에 합류하지 못한 전 세계 기업들은 내·외부 데이터를 효과적으로 활용할 방법을 찾기 위해 노력 중이다. 하지만 우리나라에서는 여전히 빅데이터에 반신반의하는 분위기다. 인공지능을 통해 엄청난 가치를 만들어 낼 수 있는 방대한 데이터도 서로 눈치만 보며 꼭꼭 숨겨 놓고 있는 상황이다.

스마트 팩토리? 물론 시도가 일어나고 있긴 하지만 여전히 논의가 더 무성하다. 어떤 사람은 로봇을 통한 자동화, 어떤 사람은 사물인터넷 기술을 통한 설비 간의 연결, 어떤 사람은 3D 프린팅, 어떤 사람은 인공지능이 공장의 모든 의사결정을 하는 스마트한 공장을 이야기한다. 이런 건 모두 부차적일 뿐이라고, 소비자가 원하는 내용이 바로 생산으로 연결되는 아디다스 공장 같은, 소비자가 생산을 결정하고 견인하는 방식이 바로 스마트 팩토리라고도 한다. 어떤 게 진정한 스마트 팩토리인지 따지는 건 별 의미가 없다. 모두가 새로운 기술을 활용해 제조 과정을 혁신하는 방법들이다. 디지털 혁신의 최전선에 있는 기술들을 선별해 회사의 프로세스를 최적화하면 그게 스마트 팩토리다. 담론보다는 작은 실행이 중요한데, 아직 우리는 그 단계에 이르지 못하고 있다.

보스턴컨설팅그룹(BCG)이 매년 발표하는 '가치창조기업' 리스트만 봐도 한눈에 상황파악이 된다. BCG는 매년 전 세계 상장기업이 최근 5년간 벌어들인 매출과 이익, 주가상승, 배당 등의 지표를 조합해 실제로 가치를 만들어낸 기업 톱 10 랭킹을 매긴다. 즉 미래가 기대되는 기업이나 10년 후 잘될 것 같은 기업이 아니라 '지금 제일 잘나가는 기업'을 리스트화하는 것이다. 이렇게 뽑아놓고 보면 최신 트렌드가 한눈에 들어오는데, 최근 발표된 2018년 랭킹은 다음과 같다.

1위 엔비디아(미국)

2위 넷플릭스(미국)

3위 브로드컴(싱가포르)

4위 텐센트(중국)

5위 페이스북(미국)

6위 소니(일본)

7위 키엔스(일본)

8위 아마존(미국)

9위 어도비 시스템스(미국)

10위 구이저우 마우타이(중국)

주류업체 구이저우 마우타이를 제외하면 톱 10이 전부 ICT 기업이고, 브로드컴(싱가포르 반도체 회사 아바고가 미국 통신장비 회사 브로드컴을 인수했다) 외에는 미국, 중국, 일본 기업이 랭킹을 점령하고 있음을 알 수 있다.

미국이나 중국이 모범답안인 것처럼 "왜 우리는 이렇게 뒤처져 버렸느냐" 탓하는 것은 아니다. 다만 냉정하게 상황을 관찰하고 한국은 IT 강국이 아닌 지 한참 됐다는 것, 점점 더 혁신적인 기업이 나타나지 않고 있다는 것, 기존 기업의 혁신성도 점차 떨어지고 있고, 차세대 핵심기술을 기존 사업에 접목하고 받아들이는 속도도 매우 늦어지고 있다는 현실을 직시해야 그 다음을 이야기할 수 있지 않겠냐는 것이다. 기업과 산업 현장에서 자문하는 것을 업으로 하는 컨설턴트인 우리는, 특히 요즘 이런 현상이 심화되고 있음을 관찰하면서 한편으로는 마음이 다급해지고, 한편으로는 본업인 프로젝트 말고도 뭔가 더 할 수 있는 일은 없을까를 생각하게 되었다.

이런 맥락에서 경제와 사회, 결국은 우리 삶 전체를 바꾸고 있는 차세대 핵심기술에 대한 개략적인 안내서를 만들어보기로 했다.

강 인공지능, 자율주행, 음성인식 플랫폼, 블록체인, 가상·증강·융합현실, 애드테크 등, 여기서 거론한 여섯 가지 기술, 또는 기술 트렌드는 매우 가까운 미래에 우리 경제와 사회와 개인의 삶에 가장 많은 영향을 미치리라고 예상된다. 거창하게 말하자면 '4차 산업혁명을 추동하는 핵심기술'이다.

그런데 4차 산업혁명이라는 말이 언급된 김에, 이 용어가 너무 오남용되는 바람에 정작 알맹이 있는 각론 없이 무성한 담론만 양산하고 이 말에 대한 사회적 피로감만 높아진 점을 이야기하고 싶다. 이름에 주눅들 것도, 너무 큰 의미를 부여할 것도 없다. 과거엔 농사를 지어 먹을 것을 마련하던 사람들이 방적공장에서 노동해 그날 먹을 쌀을 사게 된 것처럼, 기술이 우리의 일과 사는 모습을 많이 그리고 매우 급격하게 바꾼다는 뜻, 이상도 이하도 아니다. 그래서 새로운 기술은 새로운 상식이자 변화하는 시대를 살기 위한 최소한의 생존 정보라는 마음가짐으로 이 책을 쓰게 되었다.

기업은 물론이고 개인과 국가 그 누구도 이 흐름에서 자유로울 수 없다. 디지털은 거부할 수도, 거부할 필요도 없는 추세다. 우리가 스마트폰을 얼마나 순식간에, 자연스럽게 받아들였는가를 생각하면 쉬울 것이다. 가랑비처럼 은근슬쩍 우리 삶에 스며들어 24시간 곁에 두는 이 디바이스가 있기 전과 후 우리 생활이 얼마나 달라졌는지 돌아보면 놀랄만하다. 여기 언급된 것들이 바로 가까운 미래에 이런 가랑비가 될 가능성이 높다고 보이는 기술이며, 지금은 구분되어 있지만 서로 융합 발전 가능성이 높다.

보스턴컨설팅그룹 창업자 브루스 헨더슨의 목표는 세상을 바꾸는 것이었다. 세상을 바꾸는 방법에는 여러 가지가 있다. 어떤 사람과 그룹은 사회운동을 통해, 어떤 사람들은 학문과 연구를 통해, 정치를 통해 그 꿈을 이루려 했다. 브루스 헨더슨은 세상을 움직이는 주체-가계, 기업, 국가 - 중 현대사회에서 영향력이 큰 주체가 기업이며, 기업을 변화시키는 일을 도움으로써 세상을 변화시킬 수 있다고 믿었다. 마찬가지로, 우리는 모두 미래를 바꾸는 데 조금이라도 기여할 수 있다고 믿으며 이 회사에서 일한다.

너무 거창해진 것 같다. 그저 학습하고자 하는 욕구와 수요는 높지만, 여러 차례 공부에 실패하거나 망설이는 분이 많은 것 같고, 애초에 4차 산업혁명이라는 단어 자체가 1차 장벽으로 기능하고 있다고 생각해 이 책을 기획하게 되었다는 얘기일 뿐이다. 찬찬히 읽어 나가다 보면 알고 보니 별 것 아니라는 생각이 들 것이다. '시작이 반이다'라는 게 우리가 하고 싶었던 이야기의 전부다.

사업을 고민하지만 기술을 모르는 사람, 기업이 어디로 가야 할지 변화에 어떻게 대응해야 할지 미래 먹거리는 어디서 찾아야 할지 고민하는 기업가, 앞으로 내 자녀가 사는 세상은 어떤 곳이 될지, 어떤 교육을 시켜야 할지 우왕좌왕하고 있는 부모, 그저 앞으로의 세상이 궁금하고 그래서 뭘 어떻게 해야 되는지 실마리를 찾고 싶은 모든 사람들에게 즉답이 될 수는 없을지언정 생각의 시작점은 될 수 있을 것이다.

변화를 능동적으로 받아들이고 기왕이면 앞서서 흐름을 이끌고 변화의 방향을 내가, 우리가 정하면 더 좋지 않을까. 전 세계가 미래를 만들고 있는데, 우리도 동참해 미래를 함께 일구기를 바라면서.

Shaping the future, together.

2018년 10월 보스턴컨설팅그룹 서울오피스
공동집필 팀

○
차례

PART 3

음성기반 플랫폼
아마존이 스피커에 '올인'하는 이유는 무엇인가 58

PART 6

5G Powered : 가상·증강·융합 현실
5G가 불러올 신종 현실 시대의 도래 114

PART 7

애드테크
광고, 예술의 옷 위에 기술의 날개를 달다 138

PART 1

강 인공지능

특이점을 돌파할 준비가 되어 있는가

인공지능(AI; Artificial Intelligence)이 더 이상 공상과학 영화나 먼 미래 얘기로 들리지 않게 되었다. 스피커나 챗봇 등의 모습으로 급속히 일상 영역으로 들어왔다. 돌쟁이 아기가 말한 첫 단어가 '엄마, 아빠'가 아니라 '알렉사(아마존의 AI 스피커에 탑재된 인공지능 플랫폼)'라는 얘기까지 들려온다.

그럼에도 불구하고, 우리는 여전히 인공지능에 대해서 두 가지 극단적인 관점을 갖고 있는 것 같다. 하나는 회의론이다. "50년 전부터 인공지능, 인공지능 하는데 실제로 인공지능이 정말 인간만큼 하는 게 뭐가 있어?" 하는 것이고, 다른 하나는 극단적인 비관론이다. "인공지능이 인간을 대체하고, 인간의 수준을 초월해 결국 인간을 종말에 이르게 할 것"이라고 비관론자들은 얘기한다. "인공지능은 인간의 삶을 더 풍요롭게 만들 것"이라는 덜 극단적이고 낙관적인 관점은 소수 인공지능 관련 분야 종사자 또는 특이점주의자(singularitarians 인공지능이 인간의 지능을 넘어서는 특이점이 곧 도래하고 이것을 인류에게 기회가 될 것이라고 믿는 사람들) 외에는 찾아보기 어렵다.

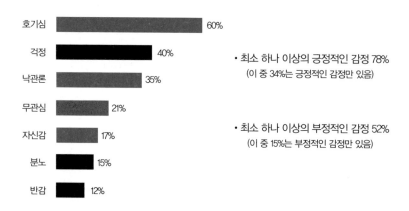

호기심 반 두려움 반
AI에 대한 사람들의 양가감정

호기심 60%

걱정 40%

낙관론 35%

무관심 21%

자신감 17%

분노 15%

반감 12%

• 최소 하나 이상의 긍정적인 감정 78%
  (이 중 34%는 긍정적인 감정만 있음)

• 최소 하나 이상의 부정적인 감정 52%
  (이 중 15%는 부정적인 감정만 있음)

설문조사 문항 : 가까운 시일 내에 AI가 당신의 업무에 어떤 영향을 미칠 것인지 생각할 때,
어떤 감정이 드나요?

출처 : BCG

| 그림 1 |

BCG가 최근 전 세계 7,700명의 직장인을 대상으로 조사한 바에 따르면(그림 1) "호기심은 있는데 두렵기도 하고, 좋을 것도 같고, 한마디로 복합적인 생각이 든다"는 응답이 압도적이었다. 조사 대상에 한국은 포함되어 있지 않았지만, 아마 우리의 AI에 대한 보편적인 '감정'도 이와 크게 다르지 않을 것이다.

AI, 혁명(revolution)인가 진화(evolution)인가

인공지능은 사람이 가진 지적 능력의 일부 또는 전부를 컴퓨터가 구현하는 것을 뜻한다. 그런데 인공지능에 대해 본격적으로 이야기하기 앞서 분명히 할 게 있다. 약 인공지능(week AI)과 강 인공지능(strong AI)을 구분하는 것이다.

약 인공지능은 '컴퓨팅 도구를 이용해 사전에 정해진 룰에 따라 명확히 주어진 과제를 수행하는 것'이다. 1997년 IBM의 딥블루(Deep Blue)라는 컴퓨터가 당시 체스 세계 챔피언 카스파로프(Garry Kasparov)를 이기면서 큰 화제가 됐다. 기계가 사람을 이겼다는 점에서 많은 사람들이 충격을 받았다. 하지만 실상은 정해진 룰(체스 규칙)에 따라 명확히 주어진, 제한된 과제(상대를 이겨라)를 수행했을 뿐 다른 용도로는 활용할 수 없었다.

자율주행 자동차, 인공지능 스피커, 재난분석 또는 예측 등 우리에게 친근하게 들리는 AI 활용사례가 모두 약 인공지능에 해당한다. 약 인공지능은 쉬거나 잠을 잘 필요 없이, 24시간 작동하면서 방대한 데이터를 다루는 분야에서 사람을 대신해 성과를 내고 있다. 정해진 분야에 적합하게 설계되고 만들어지기 때문에, 다른 용도로 활용하려면 설계와 구현에 큰 수정이 필요하거나 아예 새로 만들어야 한다.

최근 알파고가 바둑에서 이세돌과 커제를 이기면서 강 인공지능의 가능성이 수면에 부상했다. 강 인공지능이란 '스스로 학습능력을 가지고 자아를 바탕으로 자율적 판단을 내리는 것'이다. 즉, 인간 수준의 지능을 말한다. 또 한 가지 과제만이 아니라 여러 범용 과제를 수행할 수 있다는 것이며, 스스로 계속 발전해 가는 것이 강 인공지능의 핵심이다.

인공지능에 대한 회의론은 대부분 약 인공지능을 두고 생겨났다. 정해진 규칙에 따라 정해진 과업만 수행하는 약 인공지능을 보며 이것이 인류를 위해 엄청난 기여를 한다거나, 인간보다 우월한 존재로 진화할 것으로 생각하기는 당연히 어렵다. 하지만 약 인공지능이 몰라보게 변신한다면? 인공지능이 얼마나 빨리 달라질 수 있을지 가늠하기 위해, 욕조에 똑똑 떨어지는 물방울을 상상해 보자.

커다란 욕조가 있다. 수도꼭지에서 물이 한 방울씩 떨어져 모인다. 첫째 날은 한 방울 떨어진다. 둘째 날은 첫째 날 떨어진 양의 두 배, 그러니까 두 방울 떨어진다. 셋째 날은 또 전날의 두 배인 네 방울이 떨어진다. 넷째 날은 여덟 방울…… 이렇게 몇 방울씩 모여 어느 날 욕조의 절반이 찼다. 딱 79일 만의 일이다. 그렇다면 욕조가 가득 차려면 며칠이 걸릴까? '158일'이라고 답했다면 다시 한 번만 생각해 보라. 그렇다, 80일이다. 이것이 '기하급수적' 증가의 힘이다.

1960년께 인공지능 연구가 시작된 이래 약 60년이 지난 지금 딥러닝이나 알파고 등 인간 수준의 인공지능이 막 등장하려는 참이다. 20년이 더 흘러 2040년께가 되면, 인공지능 하나가 가진 지력이 인류 전체의 합산 지력을 능가하는 특이점(singularity)이 올 것으로 예상된다. 이런 기하급수적 발전은 흔히 무어의 법칙으로 불리는 '단위 면적당 컴퓨팅 파워'의 성장 덕에 가능하다.

무어의 법칙에 의하면 컴퓨터의 CPU(Central Processing Unit 중앙처리장치) 또는 스마트폰의 AP(Application Processor 중앙처리장치) 같은 반도체 칩의 연산 능력은 24개월에 두 배씩 증가한다. 반도체 칩의 연산 능력뿐 아니라 컴퓨팅 스토리지 비용의 하락 속도, 커뮤니케이션 속도 향상까지 종합해 고려하면, 전반적인 '컴퓨팅 파워'는 약 12개월마다 두 배씩 향상되는 것으로 본다.

이렇게 보면, 2000년의 욕조엔 물이 1조 분의 1밖에 차지 않았다. 눈에 보이지도 않는 양이다. 알파고가 연일 무섭게 발전하고, IBM의 왓슨이 여러 산업에 실제 접목되고 있는 2018년 현재에도 욕조의 100만 분의 1밖에 차지 않았다. 하지만 2030년이 되면 1000분의 1, 2035년에는

30분의 1, 2038년이면 4분의 1, 그리고 2040년에는 완전히 가득 찬다.

물이 욕조에 겨우 백만분의 1밖에 차지 않은 상황에서도 알파고는 이미 이세돌을 이겼다. 욕조가 다 차기까지 20년밖에 남지 않았다. 이 흐름을 되돌릴 수는 없다. 강 인공지능은 온다.

강 인공지능이 만들어 낼 미래 사회

현재의 프레임으로 미래를 정확히 그리기 어렵고, 그에 대한 가치 판단을 하는 것은 더 어렵다. 교통수단의 진화로 예를 들어 보자. 1885년 내연기관 자동차가 처음 발명됐다. '더 빨리 달리는 말'과는 아예 개념이 달랐다. 이전과는 비교할 수 없는 정도로 생산성·효율성·편의성이 향상됐다. 하지만 자동차가 처음 나왔을 때 대다수 사람들의 반응은 "그럼 이제 말은 뭐하지?" 또는 "말도 없이 불안하지 않나?"였다.

마찬가지로, 강 인공지능이 만들어 낼 미래 사회는 비관론에서 그리는 것과 낙관론에서 그리는 모습의 조합이 될 가능성이 높다. '좋다, 나쁘다'보다는 '지금과 많이 다르다'로 표현하는 게 더 적절하겠다. 미래학자 레이 커즈와일(Ray Kurzweil)의 저서 『특이점이 온다』와 역사학자 유발 하라리의 저서 『호모데우스』가 통찰력 있게 미래 사회 모습을 기술하고 있다. 두 학자의 의견에 필자의 상상력을 더해 엮으면, 대략 다음과 같은 스토리가 된다.

과거에는 인간이 지구상의 그 어떤 존재보다 경제적인 가치가 높았다. 그런 인간을 더 오래 살게 하고, 더 많이 만들어 내기 위해 의료기술과 사회보장 제도들이 생겨났다. 그리고 인간이 가진 능력 중에서도 물리력보다는 인지 및 판단능력을 더 많이 활용하기 위해, 기계의 도움을 받아 지렛대로 활용해 왔던 것이다.

그런데 AI의 인지 및 판단능력이 인간의 능력을 넘어서기 시작하면서 경제적 효용(utility) 측면에서의 인간의 존재 가치는 낮아진다. 동시에 의료기술 발전 및 생활환경 개선으로 인간의 수명은 계속 늘어난다. 금세기 내에 인류는 '수명탈출속도'에 도달할 것으로 보인다. 수명탈출속도는 의료기술의 발달로 매년 인류의 평균수명이 1년 이상 늘어나는 현상을 말한다. 이론적으로는, 이 상태에 이르면 인류는 사고사하지 않는 한 영원히 살게 된다. 다시 말하면 경제적 효용이 낮은 존재들이 지구상에 너무 많아진다. 그렇다고 멀쩡히 살고 있는 인간들을 갑자기 제거하는 것도 말이 되지 않는다.

이제 '기본소득 제도'가 보편화된다. 과거에는 노동의 종류와 질에 따라, 수요와 공급에 의해 소득이 정해졌다. 하지만 이제 개인 간에 소득을 차등할 근거가 없어진 것이다. 대다수의 보통 사람들은 적절히 인생을 즐기거나 취미로 일을 하게 될 것이다.

극소수의 '슈퍼휴먼'이 중요한 의사결정을 하고 AI를 통제하고 국가와 사회 시스템의 붕괴를 막는 질서유지자 역할을 하게 될 것이다. '슈퍼휴먼'은 말 그대로 현재 인간의 능력을 넘어서서, 고도의 강 인공지능을 통제할 만한 수준의 능력을 가진 인간을 뜻한다. 그렇게 되려면 인간의 물리적 신체와 두뇌에 최첨단 기술들이 접목되거나, 더 나아가 일체화될 것이다.

예를 들어, 두뇌가 5G 이상의 속도 및 지연 없이(zero-latency) 슈퍼 컴퓨터에 상시 접속되어 정보 처리 및 저장 능력에 있어서 강 인공지능에 뒤지지 않는 상태다. 몸의 상당 부분은 바이오·나노·로봇 기술로 보강 또는 대체되어 피곤함을 느끼지 않고 늘 최상의 컨디션 하에 최고의 생산성이 보장된다.

보통 사람들은 물리적 현실보다 가상의 현실에서 보내는 시간이 점점 많아지고, 결국 대다수의 사람들은 경험의 폭과 질 측면에서 훨씬 좋은 가상현실에 영원히 살겠다는 의사결정을 하게 될 것이다. (또는 슈퍼휴먼들이 그렇게 유도할 것이다.) 즉, 나의 정체성은 컴퓨터 스토리지에 저장되고, 나는 그 안에서 영원히 극락세계를 경험하며 살게 되는 것이다. 지구는 당분간 깨끗한 환경과 완벽한 평화를 맞이한다. 슈퍼휴먼들은 스토리지 공간과 운영자원을 얻기 위해 가까운 우주를 열심히 개척할 것이고, 어느 순간 3차원을 넘어서는 인지능력도 갖추게 되어 지구라는 공간을 초월하는 존재가 될 것이다.

물론 다소 과격하게 그린 미래상임을 감안하고 읽어주길 바란다. 이것이 비관적인 미래로 보이는가 아니면 낙관적인 미래로 보이는가? 물리적으로 컴퓨터 스토리지에 존재한다는 것은 섬뜩하다. 하지만 노동의 의무 없이 평생 내가 원하는 최상의 경험을 할 수 있다는 점은 매력적이다. 보통 사람으로 사는 것도 장단점이 있어 보이고, '슈퍼휴먼'으로 사는 것도 어떻게 보면 섬뜩하고, 어떻게 보면 꽤 괜찮아 보인다. 내가 전지(全智) 전능(全能) 전재(全在)한 존재가 된다니! 4차원 이상을 보고 경험할 수 있게 된다니!

기업은 무엇을 준비해야 하는가

실제 미래는 앞에서 잠시 상상해 본, 다소 극단적인 미래상의 일부가 현실이 되고 다른 일부는 현실이 되지 않은, 그 어느 중간 지점이 될 가능성이 높다. 어쨌든 그렇다면 대략 이와 같은 미래를 앞둔 우리는 그래서, 뭘 어떻게 해야 되는가?

이 질문에 대한 답을 찾아보기에 앞서, 먼저 과거로부터의 교훈 두 가지를 생각해 보자. 첫 번째 풍경은 1850년 전후, 미국 서부 골드러시다. 누가 돈을 벌었을까? 마차를 빌려주거나, 채굴장비, 청바지를 만들어 판 사람들은 골고루 돈을 벌었다. 실제로 금맥을 발견해 떼돈을 번 사람은 많지 않았다. 이 사례를 교훈으로 삼는다면, 인공지능이라는 도구 자체, 즉 소프트웨어나 알고리즘을 만들어 내는 사람(기업)들은 골고루 돈을 벌 것이라 추정할 수 있다. 반면 그것을 사용해 실제 솔루션, 즉 산업별 애플리케이션을 만들어내는 사람(기업)은 돈을 벌기 어려울 것이라는 논리가 된다.

그런데 인터넷이라는 신문물의 출현 사례를 기준으로 보면 어떤가. 1990년대 초 인터넷이 상업화되기 시작한 지 25년이 흘렀다. 지금 돈을 번 것은 마차를 만들어 판, 그러니까 ISP, 인터넷 서비스 제공자(Internet Service Provider 지금은 사라진 미국 AOL이나 한국의 두루넷 등)라기보다는 마차를 사서 열심히 금맥을 판 아마존, 구글, 페이스북, 알리바바, 바이두였던 걸로 판명 났다. 이 사례에서 교훈을 얻는다면 인공지능이라는 도구(소프트웨어, 알고리즘)를 만들어내는 쪽보다는 그것을 사용해 실제 솔루션(산업별 애플리케이션)을 만들어내는 사람이 돈을 벌 것이라는 예측이 가능하다.

과거의 두 사례에서 교훈을 얻는다면, 인공지능은 두 번째에 더 가까울 것으로 보인다. 텐서 플로(Tensor Flow)나 케라스(Keras) 등 AI 알고리즘의 상당 부분은 오픈 소스로, 누구나 접근할 수 있다. 즉, 마차는 공짜다. 기업 입장에서는 이것을 비즈니스에 잘 접목해 기존 사업의 생산성을 더 끌어올리거나 신사업을 만들어내는 일을 해야 한다. 이런 관점에서 기업이 인공지능을 활용하는 전략을 세울 때 다음과 같은 큰 원칙이 필요하다.

첫째, 기술적 실현 가능성과 비즈니스 잠재력에 대한 종합적 탐색이 동시에 필요하다. 둘 중 어느 한쪽으로 치우치면 AI가 성과를 창출하기 어렵다. AI를 활용한 사업기회를 찾을 때 핵심은 비즈니스에 대한 이해와 AI 전문성의 결합이다. 비즈니스에만 능한 사람은 AI가 창출할 수 있는 무궁무진한 가치를 인지하고는 있지만, 공상과학 영화 속의 AI처럼 멀기만 한 대상으로 막연하게 생각한다. 반면 AI 전문가는 수학적 문제로만 AI에 접근, 사업영역 내에서 AI로 풀 수 있는 문제가 얼마나 많은지, 어떻게 적용할지를 모른다. 이 둘을 결합시킬 방법을 찾는 게 기업의 숙제다.

예를 들면, 흔히 기업에서 AI를 도입할 때 저지르는 실수가 있다. 데이터 없이 AI를 도입하는 것이다. 현재 많이 사용되는 인공지능 방법은 딥러닝을 활용한 것인데, 대부분이 '지도학습' 기반이다. 지도학습이란 쉽게 말해, 개와 고양이를 구분한다면 고양이 사진 수만 장, 개 사진 수만 장을 주고 각각 '이것이 고양이', '이것이 개'라는 답을 미리 주는 방식이다. 컴퓨터는 이미 답이 주어진 사진을 통해 개와 고양이가 어떤 특징으로 구분되는가를 익힌다. 이후 답이 없는 사진을 주고 개인지 고양이인지를 판단케 하는 방식이다. 당연히, 방대한 양의 훈련 데이터가 필요하다. 알파고는 초기 3,000만 건 이상의 기보를 학습했다고 한다. 사람으로 치면 무려 1,000년간 학습할 분량이다. 그런데 딥러닝을 기반으로 한 AI를 도입한다면서 데이터 확보에는 무관심하다면 좋은 성과를 내기 어렵다. AI에 대한 몰이해는 이런 무모한 시도를 낳는다.

둘째, 작지만 확실한 과제를 필요한 시기에, 적정 역량을 투여해, 바뀌는 환경에 유연하게 대처하면서 반응하는 애자일(agile) 접근이 반드시 필요하다. 애자일(Agile)은 불확실성이 높고 환경이 수시로 변화할 때 적합한 방법론이다. 어제는 이렇게 하면 통했는데 오늘은 안 통하며, 또 내일은 어떻게 될지 모른다면 몸집이 가볍고 빨라야 할 것이다. 기술혁신, 특히 기하급수의 속도로 발전하고 있는 AI로 촉발되는 상시 변화의 '뉴 노멀'에 적응하려면 유연성이 필수다. 작게, 빨리 시도하고, 빨리 실패하고, 빨리 수정해야 한다.

셋째, 외부에서 몸값 비싼 전문가를 대거 영입한다고 AI 사업 추진 역량이 확보되는 것은 아니다. 물론 외부 수혈도 필요하지만, 안에서 역량을 쌓아가는 접근이 필요하다. 단지 기술 문제가 아니라 조직과 문화, 일하는 방식 자체의 변화가 필요하기 때문에 내재화 없이 AI 역량을 도입한다는 것은 자체 모순이다.

이런 세 가지 원칙을 기억하면서, 기업과 비즈니스맨이 지금 할 일은 '작은' AI 과제를 '당장' 도입해 보는 것이다.

개인은 지금 무엇을 해야 할까

당신이 2018년 현재 65세 미만이라면, 살아 있는 동안 '특이점' 돌파를 경험하게 될 것이다. 또 50세 미만이라면 130세 이상까지 살 확률이 높다. 당신이 30세 미만이라면 '수명탈출속도'에 올라타 영원한 삶을 누리게 될지도 모른다. 22세기로 넘어가면서 컴퓨터 스토리지 어

단가에 바이트 단위로 존재하게 될 가능성도 있다. 너무 먼 이야기인가? 그래도 분명 마인드셋 전환을 시작할 필요가 있다.

무엇보다 더 이상 인간적 감수성이나 아날로그와 디지털을 구분하는 것이 쉽지 않고, 또 군이 구분하는 것이 의미가 있는지도 모호하다. 이미 AI가 창작한 음악과 미술품이 블라인드 품평회에서 최고의 평가를 받고 있다. 복잡하고 예측 불가해 보이는 인간의 감정이라는 것도 몇 개의 코드로 곧 분해될 예정이다. 아날로그와 디지털은 서로 경계가 없고, 서로 다르지 않다. 이 개념을 이해하고 체화하면, 당신은 이미 여러 발짝 앞서게 될 것이다.

또한 당신의 사고 능력을 재점검할 필요가 있다. 논리력을 높이거나 지식을 많이 쌓으라는 이야기는 아니다. 단순한 지식 축적은 AI가 사람보다, 비교도 되지 않게 잘 한다. 그러므로 애초 경쟁이 안 되는 분야에서 승부를 보려 들 일이 아니다. 핵심은 인식력과 통제력이다. 인식력(awareness)은 나의 생각, 감정, 주변 상황을 종합적이고 객관적으로 인지하는 능력이다. 통제력(control)은 마음이 가는 대로 따라 가는 것이 아니라, 나의 주도적 판단 아래 무한한 잠재력을 지닌 인간정신(human mind)을 충실한 하인으로 사용하는 능력이다.

이런 능력은 보통 사람에게나 슈퍼휴먼에게나 똑같이 중요할 것이다. 인식력과 통제력이 부족한 보통 사람은 하이테크 시대에 모든 것이 편하고 식상해져서 금방 삶의 의미를 잃어버릴 가능성이 높다. 앞으로의 교육이 어떠해야 하는가도 여기서 힌트를 얻을 수 있을 것이다.

PART 2

자율주행

4차 산업혁명의 가장 파괴적인 혁신

일본에는 슬리퍼가 자율주행을 하는 료칸이 있다. 이 무슨 아닌 밤중 홍두깨 같은 소리? 자동차에 관심 많은 사람이라면 한 번쯤 봤을 법한, 닛산자동차의 홍보 영상 얘기다.

이른바 '셀프파킹 슬리퍼'가 주인공. 멋진 전통 일본식 료칸 입구에서 직원이 손님을 반갑게 맞아준다. 문득 카메라가 료칸 입구에 흩어져 있는 슬리퍼를 비추는데, 슬리퍼들이 스르륵 움직이더니 척, 제자리를 찾아간다. 줄이 딱딱 맞는 게 보고 또 봐도 귀엽고 신기하다. 그러더니 료칸 방안의 리모컨, 탁자, 방석도 스르륵 움직여 줄을 맞춘다. 닛산은 자사 리프 전기차에 탑재된 반자율주행 기술을 널리 알리고자 이런 동영상 프로젝트를 진행했다.

자율주행 기술을 개발하고 알리기에 바쁜 건 이 회사뿐만이 아니다. 바이두(아폴로), 구글(웨이모), 우버, 테슬라(오토파일럿), 애플(프로젝트 타이탄) 등 자율주행 기술 개발에 뛰어들지 않은 기업 찾기가 더 어렵다. 우버의 자율주행 시험차량은 안타깝게도 최근 인명사고를 내는 바람에 오히려 더 알려지기도 했다.

국내에서도 비슷한 일이 벌어진다. 자동차와 직접 연관이 적었던 삼성전자가 차 부품 사업이 주력인 하만카돈을 인수한 것, LG전자가 VC(Vehicle Components) 사업부를 신설한 것, SK텔레콤이 자동차용 HD 맵을 개발하는 것 모두 '자율주행'이라는 하나의 키워드로 연결된다.

이 기업들은 왜 이리 분주한가. 자율주행 시대가 오면 무엇이 어떻게 바뀌기에. 이에 대해 얘기하기 전에 먼저 자율주행이 무엇인지 이해할 필요가 있다.

자율주행에도 레벨이 있다

국방기술품질원은 자율주행이란 단어를 사전적으로 이렇게 정의한다. "차량을 운전자가 직접 운전하지 않고 스스로 도로에서 달리게 하는 것". 미국자동차공학회(SAE; Society of Automotive Engineers)는 자율주행을 운전자의 간섭 정도에 따라 6단계로 나누어 설명한다(그림 2).

레벨 0 : 쉽게 말하면 자동화 요소가 전혀 없는 상태다. 도로에서 쉽게 볼 수 있는 어느 정도 연식이 된 중저가 자동차라고 생각하면 쉽다. 차선이탈 경고나 주변사물 감지 같은 시각 및 청각 경고를 지원하는 운전자 보조 기능이 있는 차량의 경우에도 가속, 조향 등 제어는 전적

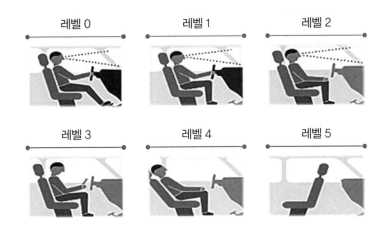

레벨 0   레벨 1   레벨 2

레벨 3   레벨 4   레벨 5

| 그림 2 | SAE에서 정의하고 있는 자율주행 자동차 6단계

으로 운전자에게 달려 있다.

레벨 1 : 2000년대 중반부터 생산되기 시작해 현재 대중적으로 판매되고 있는 자동차가 대부분 자율주행 레벨 1에 해당된다. 카메라 및 센서를 활용해 자동 제동·가속 기능이 제공된다. 예를 들면, 운전자가 가속 혹은 브레이크 페달을 밟고 있지 않아도 앞차와의 간격을 자동으로 조절해주는 어댑티브 크루즈 컨트롤 기능이 여기에 해당한다. 하지만 그림 2에서 보듯 운전자는 운전대에 손을 붙이고 직접 조향·제어를 해줘야 제대로 된 주행을 기대할 수 있다.

레벨 2 : 최근 일부 고급 차량에 장착된 ADAS(Advanced Driver Assistance System 첨단 운전자 보조 시스템) 기능이 레벨 2에 해당한다. 테슬라의 오토파일럿, 볼보의 파일럿 어시스트 기능 등이 있다. 레벨 1과의 가장 큰 차이점은 레벨 2 기능을 탑재한 차량은 조향 및 속도를 동시에 제어할 수 있다는 것이다. 고속도로 같이 차선 구분이 확실한 도로 등 일부 상황에서만 작동하도록 제한되며, 운전자가 항상 주변 환경에 주의를 기울여야 한다.

레벨 3 : 2018년부터 아우디 등 자율주행 선도 업체들이 본격 개발·도입 중으로 조향·제동·가속뿐 아니라 운전에 필요한 모든 기능을 수행할 수 있는 자율주행의 초기 완성형이다. 그림의 레벨 3에서 볼 수 있듯 이 레벨이면 운전자는 운전 이외의 다른 일을 할 수 있다. 단, 운전자는 자동차의 경고 혹은 요청이 있을 경우 언제라도 차량을 제어할 준비가 되어 있어야 한다. 포드, 볼보 등 일부 자동차 제조사들은 이런 자율주행 상태에서 운전자 주행으로 전환되는 과정에 위험 가능성이 있다고 판단, 레벨 3는 건너뛰겠다는 입장이다. 볼보의 CEO 하칸 사무엘슨(Hakan Samuelsson)은 "자체 연구 결과, 다른 일을 하다가 다시 운전대로 돌아와 자동차 제어를 넘겨받으려면 2분 이상 소요되는 것으로 나타났으며, 이런 맹점 때문에 레벨 3는 불가한 일"이라고 말했다.

레벨 4 : 이때부터 서두에 말한 사전적 의미에 가까운 자율주행 자동차에 들어간다. 레벨 3까지는 상황에 따라 운전자의 개입이 필요한 단계다. 레벨 4부터는 고속도로나 정해진 구역 같은 특정 조건에서 운전자가 차량 제어 요청에 응하지 않는 경우에도 알아서 안전한 곳에 정차하거나 주차할 수 있다. 아우디와 볼보 등 자율주행 선도 기업들은 2021년 이 단계의 양산차 출시를 목표로 개발 중이다.

레벨 5 : 자동차에 원하는 목적지를 말하면 사람의 개입 없이 시스템이 모든 기능을 수행한다. 이때부터 사람은 운전자라기보다는 승객이며, 차량은 무인택시와 같이 자동화된 이동 수단이다.

자율주행 시대, 무엇이 바뀌나

많은 자동차 제조사들이 2020년대 초 레벨 4, 2020년대 중반 레벨 5 자동차 상용화를 목표로 기술 확보와 개발에 매진하는 상황이다. 레벨 5 자율주행 자동차 시대가 온다면 그저 무인택시라는 추가 교통수단이 생기는 것 아닌가? 단지 그 정도라면 앞서 말한 기업들이 왜 그렇게 많은 돈을 투자하며 관련 기술과 사업 기반을 확보하기 위해 노력하는지 설명이 되질 않는다.

자율주행 시대가 오면 우리 생활이 어떻게 바뀔까? 평범한 4인 가족을 생각해 보자.

이 가정은 남편이 직장에서 일하고 아내는 주부, 초등학생, 유치원생 자녀로 구성돼 있고 차 두 대를 갖고 있다. 평일 아침, 남편은 차를 몰고 출근을 한다. 직장까지 거리는 20km, 교통체증 탓에 한 시간가량을 차 안에서 보낸다. 간신히 회사에 도착하면 차는 빌딩 지하 주차장에 들어가서 퇴근하는 저녁 7시까지 움직이지 않고 대기한다. 퇴근 길도 역시나 막혀서 다시 한 시간가량 차 안에서 보낸 후 집에 도착한다. 차는 아파트 주차장에서 다음날 아침 출근 때까지 대기한다.

아내는 아이들에게 아침밥을 먹이고, 다른 차 한 대로 아이들을 초등학교와 유치원에 데려다준다. 자동차 오일 교환이 필요해 센터에 가서 한 시간 대기한다. 이후 초등학생 하교시간에 맞춰 아이를 데리러

갔다가, 학원 세 군데를 오간다. 또 유치원 하원 시간에 맞춰 아이를 태우고 집으로 이동한다. 이 차 역시 다음날 오전까지 아파트 주차장에서 대기한다.

이제 2025년이 되었다. 자율주행이 일상이라고 생각해보자. 이 4인 가족의 생활은 어떻게 달라졌을까. 남편은 아파트 주민들이 공동으로 사용하는 자율주행 자동차를 타고 20km 거리의 사무실에 출근한다. 20분 걸린다. 자동차 안에서의 시간은 오전 미팅을 준비하는 데 사용한다. 남편을 내려 준 자동차는 알아서 다시 집으로 이동한다. 초등학생과 유치원생을 태워 학교와 유치원 앞에 내려준다. 이후 지정된 시간에 정비소에 가서 스스로 정비를 마치고, 남편 퇴근시간에 회사로 이동한다. 집에 도착한 자동차는 밤새 다른 주민들을 실어 나른다.

간단히 정리해서 비교를 하면, 출퇴근 시간이 한 시간에서 20분으로 줄어든다. 교통정체가 줄어 단순히 통행시간이 줄어들었을 뿐 아니라, 자동차가 알아서 아이들을 실어 나르기 때문에 데리러 가고 오고 할 필요가 없으므로 사람들(이 경우 아내)이 자동차 안에서 보내는 시간이 줄어든다. 또 이동 중 운전 말고 다른 생산적인 일을 할 수 있다. 운영되는 자동차의 수가 가정당 두 대에서, 아파트 공동사용 형식으로 줄게 된다. 주차되어 있는 시간이 줄고 각 자동차의 가동률이 늘어난다.

당장은 이런 피부에 와 닿는 변화를 예상할 수 있다. 이런 변화들이 쌓이면서 더 크고 구조적인 변화들도 발생할 수 있다. 경제와 사회에 끼치는 구조적인 영향은 첫째, 시간이다.

시간

앞의 실생활 사례에서도 보았듯, 자율주행 시대가 오면 도로에서 보내는 시간이 줄어든다. NHTSA(National Highway Traffic Safety Administration 미국 고속도로 교통안전국), USDOT(United States Department of Transportation 미국 교통부) 등에 따르면 자율주행 레벨 4~5가 상용화되면 미국 기준 교통체증 5.5조 시간, 통근 75조 시간이 줄어들어 1인당 활용할 수 있는 시간이 하루 평균 1.5시간 늘고, 평생 6년의 시간이더 생긴다.

어떻게 이런 일이 가능할까? 우선 도로 위를 돌아다니는 차량 숫자가 감소하기 때문이다. 앞의 4인 가족 예시에서 보았듯, 같은 생활 패턴을 유지하지만 필요한 차량 숫자는 줄어든다. (돌아다니는 차량 대수가 줄면 자동차 제조사 입장에서는 좋을 것이 없는데 왜 자율주행 기술 개발을 하는지에 의문이 생길 수 있다. 차의 수명은 운행 거리에 따라 제한돼 있다. 자율주행 시대가 와서 가동률이 높아지면 차량 교체 주기가 빨라진다. 운영되는 차량 수는 줄어도 신차 판매 대수는 별 영향을 받지 않는다.)

또한 대부분 차량에 자율주행 기능이 탑재되면 차들이 유기적으로 움직이며 교통사고가 줄어 교통체증과 통근시간이 단축된다. 도로에서의 시간이 줄 뿐 아니라 운전에 쓰는 시간을 다른 데 쓸 수 있다. 자율주행 레벨 4~5에서 운전자는 주변 환경에 신경을 쓰지 않는다. 즉, 이동 중에는 다른 생산적인 일에 시간을 활용할 수 있다.

생명

교통사망사고의 90퍼센트 이상은 사람의 실수에서 발생한다. 미 NHTSA는 자율주행이 일상화되고, 대부분 차량에 레벨 4 이상의 자율주행 기능이 탑재되면 사람 실수로 인한 교통사고가 줄어 교통사고 사망자가 연간 3만 명 감소할 것으로 전망한다. 자율주행 시스템은 다른 자동차 등 주변환경을 계속 파악하면서 규칙에 따라 운행한다.

간단한 예를 들면, 앞차의 속도가 줄어들면 일정 간격에 맞춰 속도를 줄이고, 차선 변경도 필요시에만 옆 차선의 차량 움직임에 따라서 수행하게 된다. 따라서 운전자 부주의에 따른 사고를 방지할 수 있고, 치명적 사고를 유발하는 음주운전이나 졸음운전도 미연에 방지할 수 있다. 물론 전제는 '안전한 자율주행 시스템'이 개발된다는 것이다. NHTSA는 여러 자동차 관련 회사와 협업해 600만 건 이상의 교통사고를 분석·유형화해 자율주행 자동차가 사고를 유발할 가능성을 0퍼센트로 만들기 위해 노력 중이다. 최근, 자율주행 관련 부품회사인 모빌아이는 자체 개발한 자율주행안전모델을 통해 NHTSA가 유형화한 교통사고의 99.4퍼센트를 방지할 수 있다고 발표했다.

자원

자율주행 보편화로 부동산 및 에너지 자원 효율도 증가하게 된다. 자율주행으로 차량이 유기적으로 운행되면 한 대당 필요한 차선 공간이 줄고 모든 차가 최적의 루트로 운행되므로, 전체 차로 활용성이 증가한다. 도로뿐 아니라 주차장에 있는 시간이 단축돼 필요한 주차공간이 줄어들 것이다. 주차장 공간은 더 나은 용도로 활용할 수 있다. USDOT는 미국 LA를 기준으로 자율주행이 보편화되면 현재 주차공간의 75퍼센트가 불필요해질 것으로 전망한다. 현재 LA의 토지 중 20퍼센트를 주차 공간이 차지하고 있다. 또 급정거 및 급가속이 줄어 연료효율도 개선된다.

2017년 세계경제포럼(World Economic Forum)에서 발표된 '자율주행 보편화에 따른 효과(BCG와 35개 파트너사 협업)' 시뮬레이션도 비슷한 결과를 보여준다.

그림 3은 현재 보스턴 시내의 차량 구성과 앞으로 자율주행 보편화를 가정했을 때 시나리오에 따른 차량 구성을 보여준다. 현재는 일반 차량, 특히 대중교통이 56퍼센트를 차지한다.

시나리오 1은, 개인용 차량 위주로 자율주행이 도입됐을 경우다. 일반 차량은 전체의 67퍼센트, 개인용 자율주행 차량이 11퍼센트, 자율주행 택시가 22퍼센트로 구성된다. 시나리오 2는 정부 주도로 자율주행을 추진, 대중교통 위주로 도입되며 일반 대중교통이 34퍼센트, 나머지 66퍼센트는 자율주행 택시 및 버스로 구성되는 시나리오다.

그림 4에서 보듯 두 시나리오 모두 차량대수, 운행시간, CO_2 배출량, 필요 주차공간이 줄어들며 앞서 설명한 것과 같은 긍정적 효과가 예상됐다. 경제 사회 전반에 영향을 미친다면 각 산업과 기업에도 당연히 변화가 있다.

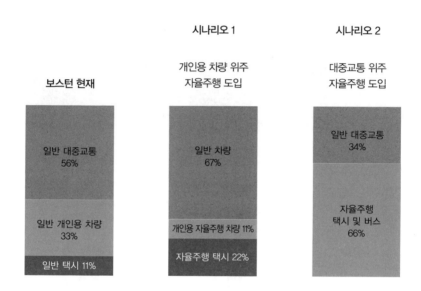

시나리오 1

개인용 차량 위주
자율주행 도입

시나리오 2

대중교통 위주
자율주행 도입

보스턴 현재

일반 대중교통
56%

일반 개인용 차량
33%

일반 택시 11%

일반 차량
67%

개인용 자율주행 차량 11%

자율주행 택시 22%

일반 대중교통
34%

자율주행
택시 및 버스
66%

| 그림 3 | 보스턴 시내 현재 및 시나리오별 차량 구성

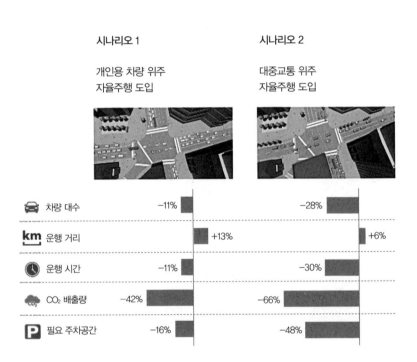

	시나리오 1 개인용 차량 위주 자율주행 도입	시나리오 2 대중교통 위주 자율주행 도입
차량 대수	−11%	−28%
운행 거리	+13%	+6%
운행 시간	−11%	−30%
CO_2 배출량	−42%	−66%
필요 주차공간	−16%	−48%

| 그림 4 | 시나리오별 효과

어떤 산업 분야가 영향을 받게 될까

이제 왜 많은 기업이 자율주행에 관심 있어 하는지 설명할 차례다. 자율주행은 쉽게 말하면 자동차가 직접 '보고', '판단'해서, '실행'하는 것이다. 이 중 '실행'은 자율주행 기능과 상관없이 지금도 자동차가 담당한다고 할 수 있다. 지금도 운전자가 보고 판단한 뒤 제어를 하면 자동차가 실행하게 된다. 결국 자율주행 기능 구현의 핵심은 보는 것 그리고 판단하는 부분에 있다.

비 내리는 토요일 오후 4시, 강남역 일대에서 운전을 한다고 생각해 보자(상상만으로 벌써 두통과 멀미가 몰려온다!). 대로에는 버스, 오토바이, 자동차가 뒤엉켜 서 있다. 조금이라도 빨리 가려고 여기저기서 끼어드는데, 비가 많이 와서 시야가 좋지 않다. 횡단보도는 몇 미터마다 하나씩 있다. 파란불이 끝나 가는데 아슬아슬 뛰어서 건너는 보행자도 있다. 중앙선은 버스전용차선이다. 이면도로로 조금만 빠지면 보행자, 자전거, 각종 입간판, 좌판이 어지럽게 자리하고 있다. 이런 상황에서 사람이 운전한다면 온갖 발생 상황을 종합적으로 보고, 판단하고, 주의를 기울여 운전하게 된다.

이런 악조건에서 운전자 간섭 없이 자동차가 스스로 보고 판단해서 운전한다고 생각해 보자. 아니, 일단 앞서 말한 레벨 2~3 자율주행 기능 중 하나인 ACC(Adaptive Cruise Control 교통상황 고려 후 주행속도, 차간거리를 자동으로 제어하는 기능)만 수행한다고 생각해보자.

그림 5처럼, 몇 대의 카메라와 센서를 활용해 차와의 거리 · 보행자 · 횡단보도 등을 '보고' 거리가 얼마인지, 옆에서 뛰어드는 보행자나 다른 차량은 없는지 '판단'해서 가속이나 감속을 '실행'하게 된다. 간단해 보이는가? 그럼 강남역 같은 복잡한 사거리에서 레벨 4 자율주행 기능을 탑재한 자동차가 좌회전을 한다고 생각해보자.

그림 6처럼 봐야 하는 물체 수가 늘어난다. 앞차뿐 아니라 건너편 차량, 사거리 신호를 기다리는 차량, 다양한 목표를 가지고 움직이는 보행자들, 자전거, 신호등, 표지판 등 좌회전을 해야 하는 타이밍, 속도, 루트 결정을 위해 많은 수의 물체를 '보고' 정보를 모아야 한다. 더 큰 문제는 '판단'이다. 고려해야 하는 경우의 수가 비약적으로 증가했다. 반대편에서 오는 차가 얼마의 속도로 어느 경로로 오는가, 사거리의 차들은 어떤 방향으로 움직일 것인가, 사람들은 어떤 방향으로 움직이고, 신호등은 무슨 색으로 언제 바뀌는지 등 모든 상황을 종합적으로 고려해서 차량 제어 명령을 내리기 위한 '판단'을 스스로 해야 한다.

'보고' '판단하는' 일이 얼마나 복잡해지는지 이해했다면, 이제 자율주행이 어떤 산업에 어떤 영향을 미칠지 예상할 수 있다.

본다 : 센서 부품

쉽게 생각하면 자동차 주변의 전체적인 상황을 볼 수 있는 '눈'이 필

ACC/ Collision avoidance

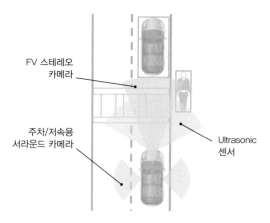

FV 스테레오
카메라

주차/저속용
서라운드 카메라

Ultrasonic
센서

타 차량, 보행자, 차선 등 각 기능 관련 객체 인식 능력 필요

| 그림 5 | ACC 기능 예시

도심 내 자율주행

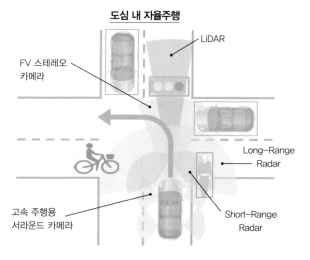

LiDAR

FV 스테레오
카메라

Long-Range
Radar

고속 주행용
서라운드 카메라

Short-Range
Radar

Rule-base로 규정할 수 없는 다양한 객체의 야간/안개 등 가혹환경에서의
판별 필요

| 그림 6 | 레벨 4/5 자율주행 기능 예시

요하다. 눈은 크게 카메라, 레이더(Radar), 라이더(LiDAR)로 나뉜다. 카메라는 다양한 사물을 고해상도로 인식할 수 있어 전방 및 차량 주위 전체적인 물체 인식에 쓰인다. 현재 개발되고 있는 레벨 3 자율주행 기능에는 해상도 2~8메가픽셀의 카메라 10대가 쓰인다. 전방 3개, 좌·우·후방 각 2대, 내부 1대 등이다. 레벨 4가 되면 필요 해상도는 12메가픽셀, 카메라 숫자는 18대로 늘어난다(전방 4대, 좌·우·후방 각 4대, 내부 2대).

단, '눈'으로써의 카메라는 환경이나 날씨에 따라 정확도가 떨어질 수 있다. 또 거리를 파악하려면 스테레오 카메라 같은 별도 처리 기술도 필요한데, 그래도 장거리 인식에는 한계가 있다. 그래서 레이더나 라이더가 필요하다.

| 그림 7 | 자율주행 자동차가 주변을 '보는' 방법(출처 : 콘티넨탈 오토모티브)

레이더는 주기적으로 쏜 전자기파가 물체에 부딪혀 반사되는 것을 읽어 물체와의 거리, 움직이는 방향, 높이 등을 확인하는 방식이다. 날씨 등 환경 영향을 덜 받고 비교적 정확한 거리를 측정할 수 있다. 라이더의 원리도 기본적으로 레이더와 같다. 다만 전자기파보다 파장이 짧은 레이저를 사용, 레이더보다 측정 정밀도와 공간 해상도가 높아 물체의 형태를 빠르게 입체적으로 파악할 수 있다.

자율주행 레벨 3 기능을 구현하려면 레이저 8대(전·후방 250m 장거리용 각 1대, 전·후방 150m 중거리용 각 1대, 사이드·코너 50m 단거리용 4대)와 전방용 라이더 1대가 필요하다. 레벨 4 이상을 구현하려면 레이저 20대(전·후방 장거리용 각 2대, 전·후방 중거리용 각 2대, 사이드·코너 단거리용 12대), 라이더 6대(전방 4대, 후방 2대)로 늘어난다. 요컨대, 자율주행이 고도화되면 보는 눈의 수 및 성능이 두 배 이상 늘어나 카메라, 레이저, 라이더 관련 부품 시장이 성장하게 된다. 미래에셋대우증권 리서치센터 보고서에 따르면 차량용 센서 시장은 2016년 74억 달러($7.4 Billion)에서 레벨 4 상용화가 시작되는 2021년에는 210억 달러($21 Billion)로 성장할 것으로 전망된다.

판단한다 : 중앙처리장치·데이터 센터 시장

이렇게 많은 물체, 즉 상황을 '봤다'고 하자. 다음은 다양한 정보를 종합적으로 고려해서 어떤 명령을 내릴지 '판단'하는 것이다. 앞에서 설명한 비교적 간단한 ACC 기능 수행을 위한 판단을 한다고 가정하자. 앞차와의 거리, 현재 도로의 제한속도, 날씨에 따라 달라지는 완전 제동 거리 등 몇 가지 기준에 따라 가속 또는 감속 여부를 판단하는 규칙을 정해놓고 그에 따라 판단하면 된다.

하지만 레벨 4 이상이 되면 늘어나는 정보의 종류와 양에 맞춰서 고려할 경우의 수가 비약적으로 증가하고, 따라서 모든 경우의 수에 대비해 미리 룰을 정의하는 건 현실적으로 불가능하다. 이를 해결하려면 특정 상황들을 보고 스스로 판단하는 인공지능(AI)이 필요하다. 고도화된 인공지능을 사용하려면 어마어마한 연산능력이 필요하다. 대표적 인공지능 플랫폼인 딥마인드의 알파고를 예로 들면, 이세돌과 대국 시 중앙처리장치(CPU) 1,202개, GPU(병렬계산에 특화된 처리장치) 176개를 사용했다. 보통 개인용 컴퓨터에는 CPU 및 GPU가 각 1개 들어간다.

완벽한 자율주행 기능을 수행하려면 이 이상의 연산이 필요하다. 따라서 차 안에 인공지능 구현에 필요한 모든 연산을 하려면 공간, 전력 효율상 제약이 있다. 지금 구현되는 방식은 인공지능을 학습시켜 고도화하는 것은 별도 데이터센터에서 담당하고, 차량에서는 데이터센터에서 학습된 인공지능을 차량 내부 시스템에 탑재, 취합되는 정보를 기반으로 판단하는 역할을 담당하는 방식으로 개발되고 있다. 그렇다면 '판단'과 관련해서는 어떤 산업에 변화가 생길 수 있을까?

우선 직접적으로 차량에서 연산을 담당할 내부 시스템 시장이 있다. 일단 시스템 내 연산장치 성능이 발달하며 단가가 증가하고, 필요 연산장치 수도 늘어나게 된다. 이외에도 복잡한 인공지능을 수행하기 위한 소프트웨어 등이 추가되면서 관련 시스템 모듈 시장이 2016년 70억 달러 규모에서 2025년 300억 달러로 성장할 전망이다.

또한 자율주행용 인공지능 학습을 위한 데이터센터 산업도 성장을 하게 된다. 인텔은 관련 시장이 2030년에 400억 달러로 성장할 것으로 기대한다. 여기서 끝이 아니다. 학습에 필요한 주행 데이터가 자동차에서 데이터센터로, 학습된 인공지능은 데이터센터에서 차량 내부 시스템으로 지속적으로 전송되어야 한다. 결국 처리해야 하는 데이터량이 폭발적으로 늘어난다. 이런 데이터를 안전하게 주고받기 위한 통신칩, 보안 솔루션 등의 산업도 성장할 것이다. 비교적 직접적인 영향을 받는 산업만 봐도 이렇다.

간접적인 영역으로 범위를 넓혀보면, 차량 내부에서 소비되는 콘텐츠 시장, 자율주행 관련 보험 시장, 무선통신 시장 등 대부분의 주요 산업에 영향을 준다. 자율주행 상용화에 앞장서고 있는 테슬라의 설립자이자 대표적인 퓨처리스트인 엘론 머스크가 자신의 저서에서 자율주행 자동차를 "넥스트 모바일 이며…(중략)…4차 산업혁명의 가장 파괴적인 혁신"이라고 말하는 것도 이런 맥락에서가 아닐까?

주요 관련 기업들은 무슨 준비를 하고 있는가

이렇게 큰 파급력이 예상되니 자동차와 관련 글로벌 기업들은 대비에 바쁘다. 일단 앞에서 말한 변화들이 일어나면서 협력 혹은 경쟁구도가 어떻게 바뀌는지 보자.

그림 8은 일반적인 OEM(완성차업체), Tier 1(대형 모듈업체), Tier 2·3(기타 부품업체) 간 자동차 생산 협업관계를 나타낸다. 최상위에 있는 현대기아차와 같은 OEM은 전체 차량에 대한 디자인, 설계 및 엔진 등 핵심 모듈 개발을 담당한다. 모비스와 같은 대형 Tier 1(1차 협력업체)는 차 제조사가 직접 개발하지 않는 다양한 모듈을 개발, 생산해 자동차 제조사에 납품을 한다. Tier 2·3(2·3차 협력업체)는 Tier 1이 모듈을

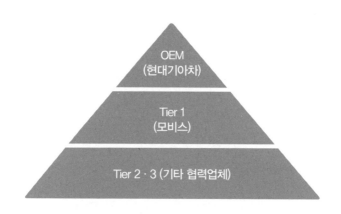

| 그림 8 | 일반적인 자동차 제조사−Tier 1−Tier 2/3 간 협력구도

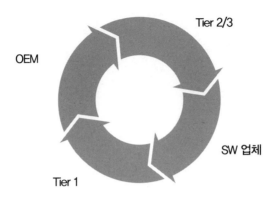

| 그림 9 | 자율주행 시스템 개발 위한 협력구도

개발하는 데 있어 필요한 부품을 공급한다. 이런 전통적인 협력 구도
가 자율주행 시스템 개발에 있어서는 깨지게 된다.

가장 큰 변화는 Tier 2·3, 특히 자율주행 기능 수행 단계 중 '판단'
의 핵심인 연산장치 개발을 담당하는 반도체 업체의 역할이 중요해
져 OEM과 직접 협업하게 되었다는 점이다. 전통적인 협력구도에서
는 OEM이 자율주행 시스템 필요 성능과 기능을 정의하고, Tier 1은
OEM이 요구한 성능을 구현하기 위해 시스템을 설계한 뒤 Tier 2·3
가 납품하는 부품을 통합하는 형태로 진행될 것이다.

그런데 자율주행을 위한 연산장치(부품)가 고도화되면서 OEM과
Tier 1의 관련 이해도가 부족, OEM과 Tier 1 주도 시스템 설계와 통
합으로는 경제성이 떨어진다. 실제로 자율주행 카메라 시스템 Tier

	Tier 2 · 3 (모빌아이)	다임러 & Tier 1
소프트웨어 (SW)	HW 가속 활용	SW 오버헤드 多
하드웨어(HW) 통합	각 SW(알고리즘)에 최적화	Tier-1 중심 통합 기술적 한계 노출
연산장치 (반도체)	SW(알고리즘)에 최적화 ~$200	변용 설계의 비효율 ~$500

| 그림 10 | Tier 2 · 3 차 제조사 − Tier 1 주도 시 자율주행 카메라 시스템 단가 비교

2 · 3 반도체 업체인 모빌아이가 자사의 연산장치 기반 전체 시스템 통합을 주도하고, OEM인 다임러와 Tier 1이 전통적인 방식으로 각 부품을 조달하는 방식으로 개발을 진행한 사례(그림 10)에서 볼 수 있듯, 경제성에서 많은 차이가 생겼다.

이런 상황에서 주요 OEM, Tier1, Tier2 · 3는 어떤 준비를 하고 있을까? 주요 완성차업체는 자율주행을 보는 시각이 크게 둘로 나뉘어, 서로 다른 움직임을 보인다. 메르세데스, BMW, 아우디 등 독일 3사를 중심으로 일부 프리미엄 자동차 제조사는 자율주행을 자사 자동차의 차별화 요소로 보고 많은 노력을 기울인다. 관련 핵심 기술을 확보하고자 전담 조직과 연구소를 설립했고, 자율주행 기술 표준을 정의하기 위해 정부와의 협업에 적극적이다. 또 소프트웨어 및 반도체 업체들과 얼라이언스를 형성하는 등 다양한 노력을 한다. 반면 그 외 대중 차량 제조사들은 자신들이 주도적으로 기술개발을 하기보다 안정된 자율주행 기술이 등장할 때 빠르게 도입하겠다는 생각으로 지속적으로 동향을 파악하는 수준에서 대비한다.

자율주행 기술 개발에 핵심적인 역할을 하게 될 Tier 2 · 3, 특히 연산장치 반도체 업체들은 어떤가. 일단 엔비디아(NVIDIA), 인텔(Intel), 퀄컴(Qualcomm) 등 CPU, GPU 기술을 선도하는 기업이 자율주행용 연산장치 반도체에서 두각을 나타내고 있다. 이들은 원래 모바일, 가정용 PC, 서버 시장에 집중해 왔고, 높은 수준의 제품 안전 · 안정성을 요구하는 자동차 시장에는 매력을 느끼지 못했다.

하지만 성장성이 큰 자율주행 시장이 등장하자 상황이 달라졌다. 이들은 모바일, 서버 등 고성능 시장에서 축적된 연산장치 기술력을 바탕으로 자동차용 제품 개발 전담 조직을 만들고 미흡한 역량 확보를 위해 공격적인 M&A를 실행, 관련 반도체 시장을 선도하고 있다.

반면 도시바(Toshiba), 르네사스(Renesas), 텍사스 인스투르먼트(Texas Instrument) 등 기존 자동차용 반도체 생산 업체들은 부족한 연산장치 반도체 설계 역량을 확보하기 위해 노력하고 있거나, 선도 업체와의 기술 격차를 줄이기는 어렵다고 판단해 단기에 따라잡기 힘든 설계 기술력이 필요한 연산장치보다는 높은 안전·안정성을 필요로 하는 주변 반도체 개발에 집중하는 전략을 취하고 있다.

자율주행 영역에서 역할이 줄 것으로 예상되는 Tier 1의 경우는 앞의 반도체 업체들에 어느 정도 주도권을 넘겨주는 것은 피할 수 없다. 이들은 자동차 제조사와 반도체 업체 간 직접 협업 구도가 명확한 프리미엄 자동차 제조사보다는 매스 자동차 제조사 시장을 보는 것 같다. Tier 1의 강점은 오랜 기간 OEM을 상대하며 쌓은, 부품·모듈·시스템을 안정적으로 공급할 수 있는 공급망과 신뢰다.

일부 반도체 업체들이 기술력을 무기로 시장을 선도할 수는 있으나 매스 자동차 제조사들은 아직 이들이 과연 자신들을 위해 특정 부품을 오랜 기간 안정적으로 공급할 수 있는지에 대해 아직 확신을 갖지 못했다. Tier 1은 이런 점을 공략, 매스 OEM을 대상으로 역할을 확대하려고 노력한다.

본격적인 자율주행 시대가 진짜 오기 위해서는 장애물이 남아 있다. 기관마다 예측 시장 규모도 각각이다. 왜 이런 차이가 생길까? 논점은 크게 세 가지다.

소비자들이 자율주행 기술에 비용을 지불할 것인가? 정부 규제는 기술 도입에 장애가 되지 않을까? 자율주행 기술이 끊임없이 발전, 시장은 지속 성장할 것인가?

지난 10년간 차량 가격은 물가상승률을 감안하면 큰 변화가 없었다. 자율주행 차량은 이점도 많고 편리하긴 하지만 최소 수백만 원 이상 더 비싸다. 소비자들이 편의를 위해 이 금액을 지불하려고 할까? BCG가 전 세계 소비자를 대상으로 최근 설문조사를 실시했다. 응답자의 50퍼센트는 자율주행 기능에 4,000달러 이상 지불하려는 의지가 높았다. 이들은 자율주행으로 인해 누릴 수 있는 안전, 생산성 향상, 보험료 및 교통위반범칙금 절감 등에 대한 가치를 인지하고 있었다.

자율주행 도입에 대한 정부 규제가 시장 성장에 발목을 잡을 것이라는 시각도 있다. 이는 이미 미국, 유럽, 미국, 중국 등 주요 국가 정부에서 자율주행 기술 개발 및 테스트 관련 지원에 나서면서 현재까지는 자율주행 본격 도입 시점에는 문제없이 해결될 것으로 보인다.

마지막으로 에어백 시스템과 같이 자율주행 기술 개발이 완료되고 나면 범용 제품들이 쏟아져 나오면서 더 이상 시장은 성장하지 않을 것이라는 의견도 있다. 이는 '자율주행은 지속적으로 학습하면서 고도화가 되는 인공지능을 활용하는 기술이다'라는 말로 설명이 가능하다. 기본적으로 시장이 지속적으로 성장하려면 발전된 기술이 계속 등장하면서 새로운 수요를 창출하고 더 높은 가치를 인정받을 수 있어야 한다. 만약 자율주행이 인공지능이 아닌 앞서 말한 몇 가지 룰로 정의된 기술이라고 보면 새로운 기술 발전은 어느 순간 정체될 수 있다.

하지만 인공지능은 시간이 지날수록 학습하며 더 효율적인 방법, 더 고도화된 사용처를 지속적으로 발굴해 나가며 이전 기술 대비 더 높은 가치를 지속적으로 창출해 나갈 수 있다. 결국 자율주행 시장은 성장 속도는 현재 예상과 다를 수 있으나 지속적으로 성장하는 유망한 시장임은 틀림없다.

우리나라 기업들은 어떤 준비를 해야 할까

그럼 우리나라 기업은 이런 기회를 어떻게 활용할 수 있고, 어떤 준비를 해야 할까? 프리미엄 자동차 제조사들은 2023년, 매스 자동차 제조사들은 2025년 이후를 본격적인 자율주행 기술 도입 시기로 보고 있다. 빨라도 아직 5년 이상 남았고, 자율주행을 구현하는 기술 표준 및 방향성도 명확히 통일되지 않은 상태다.

그렇다고 그냥 기다릴 수는 없다. 많은 글로벌 기업이 이미 많은 준비를 했다. 이해관계가 맞는 기업끼리 연합해 기술 표준 정의에 참여하고, 핵심 기술을 보유한 업체들은 자신을 중심으로 자율주행 생태계를 구축하려고 한다. 나머지 업체들도 유력해 보이는 생태계에 들어가서 자신의 몫을 챙기고자 분주하다.

우리나라는 자동차, 반도체, 통신 등 자율주행에 영향을 받을 수 있는 산업군이 전체 산업에서 많은 부분을 차지한다. 준비 없이 자율주행 시대가 오면 직접 관련 산업뿐 아니라 국가 산업 전체가 부정적인 영향을 입을 수 있다는 뜻이다. 때문에 우리가 어떤 역량을 갖고 있는지 냉정히 파악하고 자율주행 시대에 어떤 역할을 할 수 있을지, 무엇을 잘할 수 있을지 진지하게 고민할 필요가 있다.

글로벌 시장에서 점유율이 감소하고 있는 현대기아차는 자율주행이라는 파괴적 혁신을 기회 삼아 재도약을 준비할 수 있다. 모바일 기기 성장세가 꺾이고 메모리 반도체 시장에서 중국 업체의 거센 위협을 받고 있는 삼성전자는 모바일 이후의 사업 축으로 자율주행 반도체나 시스템을 키울 수 있을 것이다. SKT, KT, LG유플러스 등의 이동통신사, 네이버나 카카오 같은 인터넷 기업도 자율주행에서 파생되는 과실을 따기에 충분한 저력을 갖고 있다.

2025년 본격적인 자율주행 자동차 시대가 왔을 때, 삼성전자의 자율주행 시스템을 탑재하고 SKT가 제공하는 통신망을 사용하는 현대기아차의 자율주행 자동차를 타고 네이버에서 제공하는 콘텐츠 및 서비스를 사용하면서 목적지까지 이동하는 모습을 꿈꿔본다.

PART 3

음성기반 플랫폼

아마존이 스피커에 '올인'하는 이유는 무엇인가

2018년 5월 8일, 선다 피차이(Sundar Pichai) 구글 최고경영자(CEO)는 미국 캘리포니아 주 마운틴뷰에서 열린 개발자대회 '구글IO'에서 동영상 한 편을 공개했다. 그는 "듀플렉스라는 구글 인공지능(AI) 비서가 스스로 미용실 예약을 잡는 상황"이라고 했다.

듀플렉스는 젊은 여성 목소리였고 톤은 매우 상냥했다. 누군가의 비서인 듯 미용실에 전화를 걸어 "제 고객을 대신해 미용실 예약을 잡으려고 하는데, 5월 3일 가능할까요?"라고 물었다. 전화를 받은 미용실 직원이 "잠시 기다려 달라"고 하자, 듀플렉스는 "흐음, 음" 하는 한숨 소리까지 능청스럽게 구현(?)했다. 예약시간 밀당에도 거침이 없었다. 미용실에서 "오후 1시 15분이 예약 가능한 가장 빠른 시각"이라고 하자, 듀플렉스는 "그럼 오전 10시부터 낮 12시 사이는 안 되느냐"고 물었다. 직원이 뭘 할 건지(염색? 퍼머? 커트?)에 따라 다르다고 하자 "일단, 머리만 자르면 된다"고 말했다.

양쪽은 오전 10시에 예약을 확정하고 통화를 마무리 지었다. 미용실 직원은 전화를 끊을 때까지 전화 상대가 사람이라고 믿은 걸로 알려진다. 그도 그럴 것이, 전혀 특이하지 않은 그냥 보통의 예약 통화였기 때문이다. 너무 별다르지 않아 소름 돋았다. 선다 피차이는 이어서 레스토랑에 예약 전화를 건 남성 목소리 인공지능의 통화 영상도 보여줬다. 이역시 미리 일러주지 않았다면 사람이 아니라 인공지능이었음을 눈치 채기가 불가능했다. 피차이는 "이런 예는 수도 없이 많다"고 말했다. 아니나 다를까, 이 영상 공개 후 뜨거운 논란이 벌어졌다. 알파고의 위력이 바둑뿐만 아니라 우리 일상생활에 본격 진입했음을 알린 충격적인 장면이었다.

음성기반 플랫폼이란 무엇인가

음성기반 플랫폼은 사람의 신체 활동에 기반을 둔 컴퓨터 인터페이스(NUI; Natural User Interface)의 하나로, 말 그대로 사람의 목소리를 통해 기계와 소통하는 방식이다. 키보드 대신 음성을 이용한 텍스트 입력이나, 입력된 텍스트를 컴퓨터가 읽어주는 텍스트 음성 전환(TTS; Text to Speech) 등도 여기 포함된다.

지금까지 음성기반 플랫폼은 단순한 단말 조작에 주로 적용됐다. 자판으로 입력하는 것이 번거로운 TV 리모콘에 마이크를 달아 비디오 검색을 쉽게 해주거나, 텍스트를 찍는 대신 말로 스마트폰 문자 메시지를 보내는 것 등 말이다.

키보드 배열을 외우고 자음 모음을 하나씩 입력하는 것은 새롭게 배워야 하고 숙련도 필요한 일종의 기술이다. 반면 말로 하는 것은 누구나 할 수 있고, 편하고 속도도 빠르다. 그래서 음성을 통해 단말을 조작하는 것은 오랜 기간 엔지니어들의 숙원이었다. 하지만 이런 저런 언어의 특성으로 이제껏 그 성능은 만족스럽지 못했다. 말하는 사람과 듣는 기계 간 거리가 멀어지면 주변 소음에 의해 인식률이 떨어졌고, 사투리나 문법에 안 맞는 구어체 표현도 넘어야 할 산이었다. 또 말이란 건 맥락을 이해해야 정확한 의미를 파악할 수 있다.

기껏 어려운 기술 구현에 성공했다고 해도, 사용성 역시 그리 높지 않았다. TV에 대고 '채널을 바꿔줘'라거나, 스마트폰에 대고 '전화 걸어줘' 정도의 기능이었기 때문이다. 어차피 손에 쥔 리모콘으로 채널 돌리는 것이 더 편했다.

하지만 음성기반 플랫폼이 빅데이터와 머신러닝이라는 날개를 달자 상황이 전혀 달라졌다. 예를 들어 구글은 미국에서 무료 전화번호 안내 서비스를 해왔다. 공익에 기여하려고? 다양한 인종, 연령, 성별의 광범위한 음성 샘플 데이터베이스를 구축하려는 목적이었다. 음성 정보는 저장 공간을 많이 차지하는 부정형 데이터다. 빅 데이터 기술이 없었다면 음성 정보 분석은 불가능했을 것이다. 또 머신러닝에 기반을 둔 컨텍스트 이해 및 음성 분석 알고리즘이 개선되면서, 음성 인식률은 기하급수적으로 개선되고 있다.

Button / Keyboard	Touch	Voice

열 손가락 사용 필요	한 손가락으로만 작동 가능	목소리만 사용하여 다중 작업 가능

집, 사무실 내의 ICT 사용
(TV, 노트북)
· 인터페이스 사용자,
  다른 작업 수행 불가

"On-the-go"
· 길거리에서까지 사용 확대

민간 생활 전반에서의 ICT
침투 강화
· 이동 중(자동차 안)
· 집, 사무실 내 멀티태스킹

| 그림 11 |

음성기반 플랫폼의 폭발적 발전은 인공지능(AI) 및 클라우드와 결합을 통해 본격화되고 있다. 요즘 흔히 볼 수 있는 SK텔레콤의 누구, 네이버 클로바, 아마존 알렉사, 애플 시리, 구글 어시스턴트 등이 주요 사례다. 이런 서비스는 음성으로 인터넷에 접속하거나, 인공지능 기반 서비스를 활용하거나, 클라우드에 연결된 다수 디바이스 조작 등 광범위한 기능을 제공한다.

컴퓨터가 인간을 배우는 시대로의 약진

왜 유수의 하이테크 기업들이 음성기반 플랫폼에 승부를 걸고 있을까? 이는 인간과 컴퓨터 간 상호작용에 대한 근본적 패러다임 변화를 의미하기 때문이다.

인간이 컴퓨터에 명령을 내리거나 무언가 가르치는 것은 어려운 일이었다. 컴퓨터는 사람 말을 못 알아듣는다. 그러므로 컴퓨터에게 일을 시키려면 먼저 인간이 C++, Java 같은 어려운 컴퓨터 프로그래밍 언어를 배워야 했다. 컴퓨터 말을 할 수 있는 사람이 소수이므로, 컴퓨터에 무언가 가르칠 수 있는 사람도 소수였다. 또 컴퓨터에 입력할 수 있는 데이터도 어느 정도 가공을 해서 정형화된 내용에 한정됐다. 예를 들어 엑셀 프로그램에서 숫자를 입력한다면 오탈자가 없어야 한다. 계산을 위한 수식인지, 아니면 그 특정 문자로 표시하기 위해서인지 구분해야 하는 것처럼 말이다. 결국 컴퓨터에게 무언가 가르칠 수 있는 사람의 수 (즉, 컴퓨터 프로그래머)도, 한 번 걸러진 정보를 통해 컴퓨터가 배울 수 있는 내용도 제한적일 수밖에 없었다.

음성기반 플랫폼은 이 제한을 모두 극복하게 해준다. 컴퓨터가 사람의 음성 언어를 그대로 들으며 문맥과 의도를 이해한다. 따라서 컴퓨터에게 무언가 가르칠 수 있는 사람의 수가 폭발적으로 늘어나게 된다. 당연히 컴퓨터에 제공되는 정보의 내용과 양도 폭발했다. 컴퓨터는 이제 인간이 음성으로 표현하는 모든 정보를 있는 그대로 빨아들여 학습의 대상으로 삼게 됐다.

이는 레이 커즈와일(Ray Kurzweil)이 말한 '특이점(singularity)'이 오고 있음을 의미한다. 인간이 기계를 가르칠 때보다 기계가 인간을 배울 때 기계의 지능이 발전하는 속도는 기하급수적으로 빨라지게 된다는 것이다.

우리는 알파고와 이세돌 9단의 대결을 계기로 인공지능에 대한 놀라움과 경외심을 갖게 되었다. 그런데 차세대로 등장한 '알파고 마스터'와 '알파고 제로'의 활약은 더 충격적이다. 알파고는 이세돌 9단과 대국 후 1년간 업그레이드해 '알파고 마스터' 버전으로 나타났고, 세계 1위 커제 9단을 3:0으로 꺾어 전 세계 바둑계를 충격에 빠뜨렸다. 그리고 인간 세계에서 더 이상 대적할 상대가 없는 알파고는 은퇴를 선언하고 사라졌다.

이어 2017년, 구글 딥마인드 창업자 데미스 하사비스(Demis Hassabis)는 신개념 '알파고 제로'를 발표한다. 기존 버전은 인간이 입력한 전략이나 기보를 학습하는 방식으로 바둑을 배웠다. 하지만 알파고 제로는 바둑 규칙 외에는 아무런 사전 지식이 없는 상태의 신경망에서 출발했다고 한다. 즉, 바둑판만 놓고 '셀프 바둑'을 두면서 스스로 바둑의 이치를 터득해 승률을 높이는 좋은 수가 어떤 것인지 데이터를 스스로 쌓았다. 그 결과 알파고 제로는 학습을 시작한 지 36시간 만에 이세돌을 상대했던 '알파고 리'의 실력을 넘었고, 40일 만에 커제를 꺾은 '알파고 마스터'의 실력을 넘어섰다는 것이다. 데미스 하사비스와 공동 제1저자 세 명 중 한 명인 데이빗 실버는 바둑을 독학한 알파고 제로가 기존 버전보다 강한 이유를 "인간 지식의 한계에 더 이상 속박되지 않기 때문"이라고 설명했다.

마찬가지로 음성인식 플랫폼도 인간이 컴퓨터를 가르치는 방식이 아니다. 그래서 음성인식 플랫폼은 인간보다 더 빨리 똑똑해지는 컴퓨터 세상의 촉진제 노릇을 할 것으로 보인다.

음성기반 플랫폼이 만들 제2의 스마트폰 혁명

음성기반 플랫폼의 또 하나의 잠재력은 사람이 컴퓨터를 대하는 시간과 공간을 획기적으로 늘린다는 점이다.

과거 PC 시절, 컴퓨터를 쓸 수 있는 시간은 사무실이나 집 안 등 특정 공간에 제한됐다. 키보드 조작에는 열 손가락이 모두 필요하고, 그러려면 고정된 장소(컴퓨터가 놓인 책상)가 필수적이다.

하지만 최근 우리가 스마트폰을 쓰는 시간이 얼마나 길어졌는지, 말 안 해도 모두 안다. 전문조사기관인 IDC에 따르면 스마트폰 사용자의 80퍼센트가 잠에서 깬 지 15분 이내에 스마트폰을 본다. 또 '밀레니얼' 이라고 불리는 21~34세 연령대의 경우 하루 평균 스마트폰을 150번을 확인한다. 말 그대로 스마트폰을 보면서 잠에서 깨고, 잠드는 순간까지 함께하는 것이다. 많은 사람들이 시간을 보내는 곳이니 돈이 몰려들 수밖에 없다. 전 세계 스마트폰 시장은 2017년 기준 500조 원 규모로, 10년 전 피처폰 시장보다 다섯 배 더 커졌다. 스마트폰이 구글, 페이스북, 우버, 에어BnB 같은 디지털 기업 탄생에 근간이 되었음은 물론이다.

음성기반 플랫폼은 스마트폰 혁명을 다음 단계로 한 번 더 퀀텀 점프 시킬 가능성이 높다. 스마트폰은 PC의 시공간 제약을 획기적으로 극복했지만 아직 한계가 있다. 터치를 위해 적어도 한 손가락은 필요하고, 화면을 봐야 하니 운전 중인 차 안 같은 공간에서는 사용 제약이 있다.

개인이 하루를 보내는 시간을 기준으로 좀 더 자세히 살펴볼 수 있다.

스마트폰이 주로 개발한 서비스는 엔터테인먼트, 정보 검색, 소셜 네트워크 등과 관련된 활동이었다. 사람들은 이런 일에 하루의 약 3분의 1, 약 9시간을 쓴다. 구글, 네이버, 비디오 포털인 유튜브나 넷플릭스, 페이스북이나 카카오톡 등이 여기 해당한다.

우리는 하루 중 나머지 15시간은 수면, 휴식, 업무, 운동, 운전 등에 쓴다. 이 시간과 관련된 영역을 핵심 서비스 기반으로 성장한 기업은 아직 많지 않다. 봐야 하고 적어도 한 손은 써야 하는 모바일 유저 인터페이스의 한계상, 예를 들어 잠들어 있는 시간과 관련된 서비스가 대중화되기에는 어려움이 많기 때문이다.

하지만 음성기반 플랫폼은 이러한 제약에서 자유롭다. 말하고 들을 수 있다면 언제든 광범위하게 적용할 수 있다. '자는 시간만 빼놓고' 스마트폰을 쓰고 있었다고 하면, 음성기반 플랫폼은 자는 시간까지도 우리를 컴퓨터와 연결시켜 준다. 스마트폰 및 관련 서비스 시장 내 성장 기회를 초기에 놓쳐 아쉬움이 남는 기업이라면 반드시 음성기반 플랫폼의 등장에 주목해야 한다.

집안과 차량 등 모든 공간이 컴퓨터화된다

음성 기반 플랫폼은 특히 집 안과 차에서 우리 생활을 바꿀 가능성이 높다. 외부 길거리 공간은 어차피 스마트폰을 들고 다녀야 한다는 점, 사생활 문제 때문에 컴퓨터와 음성을 통해 소통하는 것의 효용이 떨어진다. 따라서 당분간은 현재와 같은 터치 인터페이스가 주도할 것이다. 하지만 개인 공간이며 양손이 자유로워야 하는 집 안과 차 안은 사정이 다르다.

눈앞에 있는 TV 채널을 돌리고 싶어 리모컨을 찾아 온 집안을 헤매

본 사람이라면 음성의 편리함을 쉽게 상상할 수 있다.

가정에 가장 먼저 침투한 기기는 AI 스피커다. 스피커이니 기본적으로는 음악을 들을 수 있지만, 실제 가장 큰 목적은 음성 기반의 인공지능 서비스 연결에 있다. 한국은 가정용 AI 스피커가 이제 막 소개되는 수준이다. 하지만 음성인식 플랫폼 및 인공지능을 선도하고 있는 미국은 이미 대중화 단계로 접어들고 있다.

BCG 최근 전망에 따르면 2018년 내 미국 가정에 4,500만 대의 인공지능 스피커가 사용될 것이다. 불과 2년 전인 2016년 570만 대보다 8배 넘게 증가한 것으로, 폭발적인 성장세다.

인공지능 스피커의 폭발적 성장의 계기는 다양한 서비스다. 아마존 알렉사를 통해 제공되는 서비스의 종류는 1만 2,000가지를 넘어섰다. 날씨나 그날의 주요 뉴스를 알려 주는 단순한 일에서부터, 피자를 주문하고 우버를 불러주는 것은 물론 아마존 쇼핑까지, 알렉사를 통해 가능한 서비스 종류는 상상을 초월한다.

클라우드를 통해 집안의 다양한 기기를 조작하게 하는 스마트홈 서비스의 발전도 괄목할 정도다. 한국은 상대적으로 집 크기가 작아 스마트홈 필요성이 낮지만, 미국에서는 이런 서비스가 급격히 확산되고 있다. 2층에 있는 방에서 현관에 도착한 방문객을 확인하고, 차고의 불을 켜고 끄는 것이 매우 편리하기 때문이다. 이런 서비스의 중심에 인공지능 스피커가 있다.

음성기반 플랫폼의 잠재력을 높이 본 다른 기업의 적극적 구애도 성장에 한 몫을 하고 있다. 2017년 미국 소비자가전전시회(CES ; Consumer Electronics Show)에서만 7,000개 넘는 디바이스 업체가 자사 제품에 아마존 알렉사를 탑재했다. HP, 델과 같은 PC 업체부터 웅진코웨이의 정수기까지 그 종류도 다양하다. 집안에 있는 모든 기기가 음성인식 스피커를 내장하고 하나의 네트워크로 통합되고 있는 것이다. 앞으로는 별도 인공지능 스피커가 없어도 집 안 어디서나 음성을 통해 인터넷에 접속할 수 있게 된다는 뜻이다.

또한 개별 디바이스가 네트워크에 연결되면 디바이스 시장의 패러다임도 변화하게 된다. 가정 및 차량 내 기기들을 통해 클라우드 네트워크에 있는 다른 기기를 조작할 수 있다. 안방 TV로 거실 불을 켜거나 끄고, 부엌에 있는 정수기로 아이 방의 컴퓨터를 조작하는 식이다. 모든 디바이스가 다른 디바이스의 리모콘 역할을 겸하는 시대가 멀지 않았다.

자동차에서도 이런 경향이 나타난다. 토요타, GM은 올해 중 알렉사가 탑재된 차량 출시 계획을 발표했다. 이는 다른 자동차 제조업체들의 참여로 이어질 것이다. 사실 자동차 회사는 이런 일이 달갑지 않다. 자동차 회사는 자신들만의 독특한 컬러를 가진 사용자 인터페이스를 유지하고 싶어 하는데, 아마존 알렉사를 탑재하면 이를 잃을 위험이 크다. 그럼에도 음성기반 인공지능 생태계의 거대한 물결을 피할 수는 없을 것이다. 과거에도 자동차 회사들은 자체적인 커넥티드 카 플랫폼을 주장했다. 하지만 고객들은 스마트폰과 동일한 경험을 요구했다. 결국 이에 못 이기고 안드로이드 오토나 애플 카플레이를 적용한 전례가 있다.

모든 사람이 디지털 개인비서를 두게 된다

힘든 하루를 마치고 파김치가 되어 집에 돌아왔다. 할 일은 많은데 꼼짝하기 싫다. 이때 누군가가 내 입맛에 맞는 음식을 알아서 주문해주고, 다음 휴가 때 여행계획도 잡아준다면 어떨까? 원하는 메뉴만 말하면 냉장고에 무슨 재료가 있고 없는지 파악해서 저녁 재료를 장 봐서 미리 집에 배달시켜 준다면 어떨까? 내가 운전하는 동안 누군가가 대신 항공사 콜센터에 연락해 티켓을 예약해준다면? 상상만 해도 신나는 일이다. 이제껏 이런 사치를 누릴 수 있는 사람은 극소수였다. 하지만 5년 안에 우리 모두가 이런 디지털 개인비서를 갖게 될 것이다. 음성기반 플랫폼이 이렇게 세상을 바꾸고 있다.

최근까지 O2O(online to offline)라는 서비스가 각광을 받았다. 카카오 택시나 음식 배달 앱처럼 디지털을 통해 기존의 일상생활 서비스에 새로운 부가가치를 부여하는 서비스들 말이다. 음성기반 플랫폼은 이를 넘어 O2O2O(offline-online-omni line)를 가능하게 한다. 내가 오프라인에서 말하는 것과 행동하는 것을 음성기반 인공지능이 자동으로 인식해 온라인과 오프라인을 넘나드는 '옴니라인'으로 나에게 서비스를 제공하는 것이다.

이를 위해 디지털 서비스는 크게 두 가지 관점에서 빠르게 진화할 것이다. 첫째는 맥락(context)에 대한 이해다. 온라인 검색은 세상을 바꾸어 왔지만 아직 완전하지 못하다. 검색엔진은 키워드 몇 개만으로는 사용자의 의도를 완전히 알지 못한다. '햄버거'라는 키워드를 검색창에 넣는 어떤 사람은 집 근처 햄버거 가게를 알아보는 중이고, 다른 사람은 햄버거라는 제목의 영화에 관심이 있다. 하지만 검색결과는 이를 구분하지 못하고 불필요한 정보를 쏟아낸다.

이는 검색엔진 알고리즘의 문제라기보다, 사용자의 의도를 모르는 상황에서는 많은 대중이 찾는 평균적인 결과 값을 줄 수밖에 없기 때문이다. 구글이나 네이버가 검색 외 메일, 블로그, SNS 같은 많은 부가 서비스를 출시해서 사용자를 로그인시키려는 것도 사용자별 상이한 검색 패턴을 인식, 검색의 정확도를 높이려는 노력이다. 하지만 아직도 절반 이하의 사용자들만이 로그인한 상태에서 검색을 한다.

음성기반 플랫폼은 이런 어려움이 아예 없다. 처음부터 개인을 인식하고, 이들이 어떤 결과값을 원하는지 빠른 시간 내에 알아차린다. 사용자가 '개떡같이' 얘기해도 컴퓨터는 '찰떡같이' 알아듣게 되는 것이다.

두 번째는 음성기반 플랫폼에 기반을 둔 다수 개별 서비스 간 통합이다. 충실한 비서 역할을 수행하려면 나에 대해 많은 것을 알고 있어야 한다. 내 신용카드 정보, 일정, 주로 가는 온라인 사이트 로그인 정보, 사는 곳, 선호 지역 정보 등. 이런 정보에 접근 가능하고 필요에 따라 임의로 사용할 수 있어야 한다. 따라서 음성기반 플랫폼을 중심으로 해당 개별 서비스들의 통합 또한 가속화될 것이다. 아마존, 애플, 구글 등이 음성기반 플랫폼 전쟁에 사활을 거는 이유다.

음성기반 플랫폼에 '올인'하는 구글·아마존·애플

현재 음성기반 플랫폼의 승자는 아마존이다. 2014년 자사 인공지능 플랫폼인 '알렉사'가 탑재된 '에코' 스피커를 출시한 후 68퍼센트의 시장 점유율을 확보하고 있다. 구글의 25퍼센트에 비해 크게 앞선다.

아마존은 에코 이후 소형 모델인 '에코 닷', 화면이 추가된 '에코 쇼' 및 '에코 스팟' 등 다양한 형태의 알렉사 탑재 스피커를 출시해서 가정의 다양한 요구를 충족시키고 있다. 또한 알렉사 탑재에 관심 있는 외부 하드웨어 업체와의 협력에도 가장 적극적이다. 자사 엔지니어를 파견, 이들의 개발을 돕거나 앱 개발 확대를 위한 툴킷 지원, 심지어 직접 돈을 대는 등 아끼지 않고 물량공세를 퍼붓는다. 과거 야후에서 구글 및 애플로 넘어온 인터넷 패권이 아마존으로 넘어가는 모습이다.

하지만 구글과 애플의 반격도 만만치 않다. 구글은 2017년부터 전략 기조를 'AI first'로 정했다. 가진 역량을 총동원해 아마존에 맞서겠다는 것이다. 구글은 자사의 음성기반 인공지능 플랫폼 구글 어시스턴트를, 애플은 시리를 업그레이드하기 위해 노력하고 있다(그림 12).

이들은 각자 자사의 모바일 사용자 기반을 활용, 서비스를 발굴하고 있다. 양사는 특히 아마존의 치명적 약점인 '캘린더'에 주목한다. 비서가 제대로 일을 하려면 당연히 스케줄을 알고 있어야 한다. 인공지능 비서도 마찬가지로 사용자 캘린더 정보가 꼭 필요하다. 그런데 구글과 애플은 이미 사용자 캘린더를 갖고 있지만 아마존에는 없다. 그 약점을 파고 아마존은 음성기반 플랫폼 시장에 한 발 앞서 진입, 선두주자의 이점을 누리고 있다. 하지만 2016년부터 다른 ICT 기업들도 속속 경쟁에 동참 중이다.

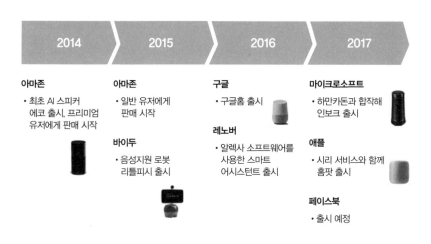

| 2014 | 2015 | 2016 | 2017 |

아마존
• 최초 AI 스피커 에코 출시, 프리미엄 유저에게 판매 시작

아마존
• 일반 유저에게 판매 시작

바이두
• 음성지원 로봇 리틀피시 출시

구글
• 구글홈 출시

레노버
• 알렉사 소프트웨어를 사용한 스마트 어시스턴트 출시

마이크로소프트
• 하만카돈과 합작해 인보크 출시

애플
• 시리 서비스와 함께 홈팟 출시

페이스북
• 출시 예정

| 그림 12 |

73

드는 것이다. 또 자사 기존 서비스인 검색, 음악, 동영상, 메일 등을 음성기반 플랫폼에 통합 제공해 사용자의 편의성을 높이려 하고 있다.

또 음성인식 기술 요소마다 투자를 확대, 경쟁사보다 나은 사용자 경험을 주려는 노력도 계속되고 있다. '오디오 파이프라인 - 스피치 엔진 - 맥락 파악 - 액션 - 응답'이라는 핵심 구성요소별 활발한 인수 및 파트너십이 한창이다.

이처럼 아마존, 구글, 애플 모두 음성인식 플랫폼에 사활을 거는 형국이다. 디지털 세계로 가는 중에 음성인식 플랫폼이란 길목을 선점하지 못하면, 선도 기업의 눈치를 보며 세 들어 사는 신세로 한순간에 전락할 수 있음을 너무나 잘 알기 때문이다.

한국 기업에 주어진 기회는 무엇인가

그럼 이런 거대한 변화의 물결 속에서 우리의 살길은 무엇인가? 과거 검색엔진 시장의 사례에서 실마리를 찾을 수 있다. 네이버는 야후와 구글 같은 세계적인 검색엔진에 맞서 큰 기업으로 성장했다. 네이버는 인터넷 세상 안에 한글화된 정보가 제한적이라는 점에 주목해 한국에 특화된 정보를 모으고, 이를 편집하면서 국내 선도 인터넷 기업이 되었다.

음성기반 플랫폼도 마찬가지다. 알고리즘을 선도적으로 개발하는 부분에선 뒤질 수 있지만, 전 세계를 대상으로 서비스를 개발해야 하는 아마존이나 구글에 비해 한국어 음성 데이터에서는 한국 기업이 충분히 강점을 가질 수 있다. 단, '한국어 데이터만 가진 서비스'가 아니라 '한국어로 차별화된 서비스'여야 한다. 네이버가 국내 인터넷 시장을 지켜내는 데는 성공했지만 동시에 글로벌 시장 공략엔 한계가 있었다는 데서 얻는 교훈이다.

PART 4

블록체인 1

개미는 비트코인을 좇고 거인은 블록체인에 주목한다

라즐로 하니엑스(Laszlo Hanyecz)가 처음 비트코인을 접한 것은 2010년 4월이었다. 당시 비트코인은 일부 해커의 전유물이었다. 경쟁이 없다 보니 비트코인 마이닝(비트코인 운영 프로그램을 실행하는 대가로, 일정 확률로 새로운 비트코인을 얻는 것. 비트코인 채굴이라고도 한다)으로 매일 수천 비트코인을 벌 수 있었지만, 아무도 가치를 인정해주지 않아 실제 물건을 사는 데는 소용이 없었다. 그러던 2010년 5월 18일, 라즐로는 문득 비트코인으로 진짜 피자를 살 수 있을지 궁금해졌다.

우리 집에 피자 두 판을 보내주면 10,000비트코인을 낼게. 하나 남은 건 다음 날 먹고 싶거든. 직접 만들어서 가져다 줘도 좋고, 가게에서 우리 집으로 배달을 시켜줘도 돼. 평범한 토핑은 좋아하지만 이상한 생선 같은 건 별로야. 그냥 치즈피자도 괜찮아.

 (https://bitcointalk.org/index.php?topic=137.msg1141#msg1141 당시 라즐로가 올린 글이 여전히 게시되어 있다.)

라즐로는 한 인터넷 게시판에 이렇게 글을 올렸다. 처음엔 거래에 나서는 사람이 없었다. 4일째 되는 날 비로소 최초의 비트코인 거래가 성사된다. 또 한 명의 초기 비트코인 팬이던 18세 청년 제레미 스터디반트(Jeremy Sturdivant)가 라즐로에게 피자 두 판을 배달시켜준 것이다. (그 피자가 '도미노'였는지 '파파존스'였는지를 두고 두 사람의 기억이 엇갈린다.) 이날 이 청년이 받아 간 10,000비트코인의 가치는 7년 후 한때 약 2천억 원까지 오른다(비트코인의 가치가 정점을 찍은 2017년 12월 기준). 라즐로는 한 판에 천억 원짜리 피자를 먹은 셈이다.

라즐로 하니엑스는 2010년 5월 22일 피자 두 판을 1만 비트코인에 샀다. 이것이 비트코인으로 이루어진 사상 최초의 거래다.

이 유명한 사례는 비트코인의 가치가 얼마나 빨리 올랐는지 보여준다. 이에 암호 화폐를 잘 모르던 보통 사람들도 비트코인에 관심을 갖게 됐다. 개인 투자가 몰리고 투기 세력도 합세하면서, 비트코인 가격은 2017년 한 해에만 16배가 뛰었다. 여전히 많은 사람들이 비트코인 가격이 앞으로도 꾸준히 오를 것이라고 기대한다. 강세론자는 HSBC나 씨티은행, 모건스탠리와 같은 글로벌 투자은행들이 비트코인에 투자를 한다는 사실을 그 근거로 들기도 한다. (그런데 뒤에서 설명하겠지만, 이는 엄밀히 말해 사실과 다르다.)

비트코인이 이만큼 성장한 근본 동력은 무엇일까? 최근의 비트코인 신드롬은 너무 강력하고 단순한 투기 거품만으로는 설명이 어렵다. 비트코인 가치의 원동력은 블록체인 기술이다. 미래를 바꾸는 것은 폭등

하는 비트코인 시세가 아니라, 블록체인 기술이 가져올 혁신이다.

비트코인은 무엇이고 블록체인은 무엇인가

"나는 지금까지 인류 발전을 위해 블록체인만큼 큰 잠재력을 가진 기술을 본 적이 없다." 탭스콧 그룹의 CEO이며 『블록체인 혁명』의 저자인 돈 탭스콧(Don Tapscott)의 말이다.

반도체 기술이 컴퓨터를 구현하는 핵심 기술인 것처럼, 블록체인은 비트코인을 구현하는 핵심 기술이다. 비트코인뿐 아니라 이더리움 · 리플 · 라이트코인 등 모든 암호화폐는 블록체인을 기반으로 한다. 블록체인 기술은 암호화폐에만 쓸 수 있는 것이 아니다. 블록체인의 활용 범위는 유통, 공급망 관리, 헬스케어 등 전 산업으로 뻗어 나가고 있다.

그림 13은 최근 전 세계 투자자들의 블록체인 관련 회사에 투자한 내용이다. 2014년부터 2016년까지 4년간, 블록체인 관련 스타트업에 약 12억 달러의 돈이 투자됐다. 2014년까지는 투자의 90퍼센트 이상이 비트코인을 비롯한 디지털 암호화폐에 몰렸다. 하지만 2016년 들어 암호화폐와 무관한 블록체인 스타트업에 64퍼센트의 투자가 집중, 상황이 달라졌다. 투자자들이 암호화폐를 넘어 더 넓은 영역에서 블록체인의 가치에 주목한다는 증거다. 앞서 언급된 HSBC · 씨티 · 모건스탠리가 투자한 것 역시 비트코인이 아닌 블록체인 기술이다.

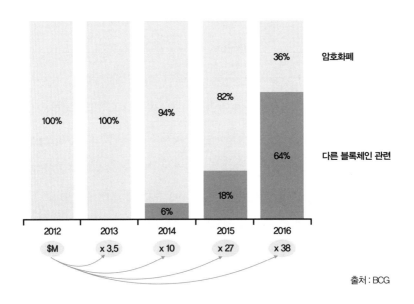

| 그림 13 |

블록체인이 어떤 기술이기에 넓은 영역으로 확장되고 있는가? 블록체인이 가져온, 이전에는 불가능했던 혁신이란 무엇인가? 블록체인이라는 기술을 한번에 이해하기가 쉽지는 않다. 일을 좀 쉽게 하기 위해, 질문을 두 가지로 나눠 보자. '블록체인이 무엇을 하느냐(What)'와, '블록체인이 어떻게 그것을 하느냐(How)'다.

태초에 중개인이 있었다

가게에서 신용카드로 물건을 살 때를 생각해 보자. 내가 얼마를 결제했는지 기록해 뒀다가 카드 결제일이 되면 물건 값이 내 통장을 빠져나간다. 그런데 내가 어느 가게에서 얼마 결제했는지, 그 기록을 신뢰할 수 없다면? 가게 주인이 그 기록을 조작할 수 있다면? 나는 통장에서 정확하게 물건 값만 빠져나간다고 믿을 수가 없다. 가게 주인 입장에서도 마찬가지다. 내가 그 기록을 마음대로 조작한다면? 가게 주인은 물건을 먼저 내주기가 어렵다.

요컨대 '너도 나도 믿고 동의할 수 있는 거래 기록'은 거래가 성립되기 위한 필수 요건이다. 이제 이런 기록을 장부(ledger)라 하자. 블록체인 등장 전에는 우리가 서로 믿는다는 보장이 없으니 공신력 있는 제3자가 장부를 대신 관리했다. 비자·마스터 같은 신용카드 회사 말이다. 가게 주인은 내가 믿을 만한 사람인지 아닌지 모르지만 신용카드 회사를 믿고 내게 물건을 먼저 내준다.

믿을 만한 제3자, 즉 중개인(middle person)은 신용카드뿐 아니라 세상 거의 모든 거래에 필요하다. 판매자와 구매자가 믿을 수 있는 정보를 교환하고 정확한 기록을 남겨야 한다. 주식을 살 때 은행과 증권회사, 증권거래소 시스템과 직원들이 없다면 어떤 일이 벌어질까. 투자하고 싶은 회사의 주식을 팔겠다는 사람을 찾아다니며 가격을 협상한다. 성사되면 주식을 발행한 기업을 찾아가 함께 직접 명의 개서를 해야 될 것이다. 0.1초 차이로 천문학적인 손해와 이익이 생기는 요즘 세상에 있을 수 없는 일이다. 주식뿐 아니라 화물 선적, 비행기표 예약, 부동산 매매할 때도 마찬가지다. 역사가 피터 왓슨에 의하면 거래의 역사는 15만 년 전으로 거슬러 올라간다. 중개인은 15만 년 동안 경제를 순환시킨 혈관 같은 존재였다.

하지만 중개인 시스템은 불편하다. 수많은 복잡한 거래를 원활하게 처리하려면 많은 중개인이 필요하다. 비자카드 홀로 연 1,000억 건이 넘는 거래를 승인하고 매입하기 어렵다(2017년 비자카드는 1,112억 1,500만 건의 거래를 처리했다). 내가 신용카드로 물건을 한 번 살 때마다, 카드 발급사인 비자뿐 아니라 내 결제계좌 은행, 내가 물건을 산 가게의 입금계좌 은행, 카드를 읽고 거래 승인을 받아주는 PG업체(Payment Gateway)가 서로 정보를 주고받으며 거래 중개인 역할을 한다. 주식 거래의 경우는 이보다 더 복잡한 경로를 거친다.

복잡한 중개구조의 결과는 비용이다. 중개인들은 공짜로 일해주지 않는다. 거래 당사자들은 수수료 등의 형태로 중개인들에게 값을 지불한다. 대안이 없어서 지난 15만 년 동안 우리 경제는 비싼 중개인에 의지해 왔다. 그러나 2009년 블록체인 기술 등장으로, 드디어 인류는 대안을 손에 넣게 된다.

고칠 수도 지울 수도 없는 마법의 공동장부

이처럼 굳건한 중개인 체제 아래, 블록체인이 무엇(what)을 할 수 있는지 알아보자. 머리를 복잡하게 하는 '어떻게(how)'라는 질문을 잠시 잊는다면, 블록체인이 하는 일은 단순하다.

블록체인은 고칠 수도 지울 수도 없는, 마법의 공동장부다.

이 마법장부는 우리가 늘 사용하는 흔한 장부와 무엇이 다를까. 다시 신용카드로 돌아가 보자. 평범한 장부에 거래내용을 기록한다면, 장부의 원본은 모두가 신뢰할 수 있는 중개인이 관리해야 한다(그림 14). 장부 관리자가 자기 또는 특정인 이익을 위해 장부 내용을 마음대로 바꾸면 안 된다.

당신이 장부의 사본을 만들어 따로 보관해 둔다면, 혹시 나쁜 관리자가 장부 내용을 바꿔도 이를 알아차릴 수는 있다. 그래도 문제가 다 해결되진 않는다. 원본이 틀렸고 당신이 옳음을 어떻게 증명할 것인가. 그래서 큰 신용카드 회사처럼 '공신력 있는' 중개인이 없다면 거래가 쉽지

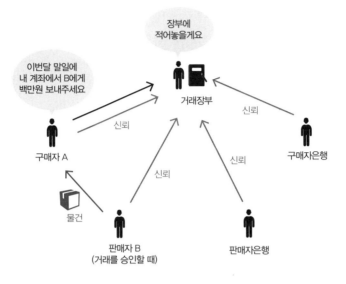

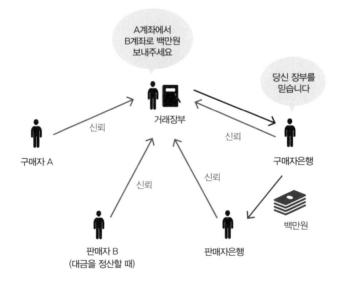

| 그림 14 |

않은 것이다.

이제 평범한 거래장부 대신 마법의 공동장부를 떠올려 보자. 거래에 참여하는 모든 사람이 각자 마법장부를 한 권씩 갖고 있다. 그 중 한 사람이 자기 장부에 거래내역을 적으면, 다른 모든 마법장부에도 똑같은 기록이 자동으로 나타난다. 이 마법장부에 한번 적히면 어떤 방법으로도 고치거나 지울 수 없다는 것이 중요하다. 누구도 자기 장부에서 특정 구매내역을 지운 뒤 모르는 일이라고 시치미 뗄 수 없다. 이제 모든 사람들이 언제나 완전히 똑같은 장부를 갖게 된다. 서로 누구의 장부 내용이 맞는지 따져 볼 일이 없으므로 다른 사람에게 중개를 요청할 필요가 없어진다.

(이 마법장부에는 작성자의 서명도 함께 기록되어 있다. 이 서명은 절대로 위조할 수 없어 다른 사람의 계좌를 도용한 불법 거래를 예방할 수 있다. 누군가 다른 사람의 계좌를 이용해 거래내역을 만들어내더라도, 작성자 서명과 계좌 주인의 서명이 달라 거래가 거부당하기 때문이다. 단, 이는 블록체인의 고유한 기능은 아니며, 70년대 개발된 공개 키 서명 기술을 차용한 것이다.)

이처럼 거래에 참여하는 모든 이가, 모든 거래내역이 담겨 있는 완전 무결한 장부를 갖게 되면 중개인 없이도 빠르고 정확하게 거래를 맺을 수 있다. 구매자와 판매자가 이 마법장부만 확인하면 물건과 대금을 넘겨주어도 될지 알 수 있기 때문이다. 그림 15는 이 마법장부를 바탕으로 카드사 중개 없이 직불카드 방식의 거래를 맺는 방법을 보여준다.

비트코인은 이 마법장부의 첫 번째 활용 사례다. 비트코인 장부에는

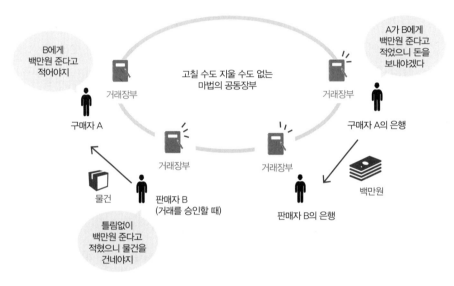

| 그림 15 |

'월렛'이라고 부르는 2,400만 개의 계좌가 있다. 그리고 각 계좌마다 언제 어떤 계좌에서 얼마의 비트코인이 입금되었는지, 또 언제 어떤 계좌로 얼마의 비트코인이 출금되었는지 모든 거래내역이 기록돼 있다. 이 마법장부를 모두가 공유하므로 내 계좌번호만 알면 누구나 내 계좌의 비트코인 잔고를 정확하게 확인할 수 있다. 내 계좌에 있는 10비트코인을 다른 계좌로 옮기고 싶다면, 이 마법장부에 그 거래내역을 기록하기만 하면 된다. 모두의 장부에 이번 거래내역이 기록돼 모든 사람들이 내 계좌의 잔고가 10비트코인 줄고, 송금한 계좌 잔고는 10비트코인 늘었음을 안다. 중개인 관리인 없어도 내 잔고를 속일 수 없다. 이건 고칠 수도 지울 수도 없고, 모든 사람이 똑같은 복사본을 가진, 지금까지의 모든 거래가 기록된 마법장부니까. 비트코인은 이 마법장부를 사용, 국가나 은행 개입 없이 모두 신뢰할 수 있는 가상화폐를 만들었다.

하지만 가상화폐가 블록체인 기술을 활용하는 유일한 방법은 아니다. 지금 이 순간에도 수많은 기업들이 블록체인 기술의 다양한 가능성을 실험하고 있다. 그림 15 역시 화폐 자체는 바꾸지 않으면서 신용 거래에 필요한 정보 교환을 효율적으로 혁신하는 블록체인의 활용 사례라 할 수 있다.

블록체인은 자산거래 추적뿐 아니라, 과거에 일어난 사건 증빙에도 활용할 수 있다. 예를 들어 미국 월마트는 중국산 돼지고기 제품의 도축 · 가공 · 운송 과정을 블록체인을 이용해 기록한다. 기존에는 중국산 돼지고기의 출하지와 운송 경로를 알려면 납품하는 중개인이 제출한 장부 내역에 의존했다. 수많은 돼지 농장에서부터 시작된 공급망이 너무 복잡해 월마트가 직접 모든 정보를 추적하기 힘들기 때문이다. 하지만 납품업자의 장부는 믿기 어려웠다. 특히 중간 운송업자가 정식 출하된 돼지고기와 출처를 알 수 없는 돼지고기를 섞어 같은 도축지에서 출하된 것처럼 속이는 경우가 많았다.

월마트가 블록체인을 도입한 이후 도축업자, 운송업자 등 공급 사슬에 참여한 모든 업체가 공급 과정에서 발생한 모든 정보를 블록체인 장부에 기록하게 되었다. 블록체인 장부는 한번 기록되면 수정이 불가능하다. 그래서 중간 운송업자가 돼지고기의 출처를 속이려고 출하지 기록을 수정할 수 없게 되었다. 공급 사슬에서 발생하는 정보를 블록체인 장부에 기록하는 것만으로, 월마트는 모든 중국산 돼지고기 제품들이 언제, 어디서, 어떤 과정을 거쳐 공급됐는지 적은 비용으로 훨씬 더 정확히 파악할 수 있게 됐다.

비즈니스에서 블록체인을 활용할 수 있는 방법은 매우 다양한데, 크게 네 가지로 유형을 나눌 수 있다. 표 1은 블록체인을 활용하는 네 가지 유형과, 유형별 활용 사례를 보여준다.

멸종하는 중개인, 당신의 비즈니스 모델은 괜찮은가

19세기 얼음 무역은 거대한 산업이었다. 추운 곳에서 얼음을 잘라

유형	활용 방식	활용 사례
자산 거래 추적소	자산 이동/거래에 대한 신뢰할 수 있고 열람할 수 있는 장부를 제공	• 비트코인–가상화폐 • SETL–거래의 청산 효율화 • DXMarkets–증권 소유권 기록
사건 증빙	과거 사건에 대하여 수정할 수 없는 증빙 기록을 제공	• 월마트 – 돼지고기 공급 사슬 정보 관리 • 에버레저 – 다이아몬드 공급 사슬 정보 관리 • 온두라스 정부–토지 소유권 등록
프로세스 효율화	블록체인 신뢰성 기반, 다양한 비즈니스 프로세스 효율화	• Digital Asset Holdings – 각 금융 기관 간 청산 결제 효율화 • CommBank – 자회사 간 청산결제 효율화 • Slock.it – 이더리움 스마트 계약 기반 결제와 각종 잠금장치 동작을 연동
거래/정보 처리 분산화	중앙 집중화로 비대해진 중개인을 배제한 거래 구조 실현	• LockChain – 이더리움 스마트 계약 기반 중개인 없이 숙박 임대계약 체결 · 청산 • Imogen Heap – 디지털 음원의 P2P 배포 및 로열티 납부 플랫폼

| 표1 |

세계 각지에 공급하는 이 산업에 미국에서만 9만 명이 종사했다. 얼음을 나르는 데 2만 5,000마리의 말이 동원됐다. 19세기 말 냉장 기술이 발명됐지만 얼음 무역 종사자들은 대수롭지 않게 여겼다. 그들은 '인공' 냉기가 건강에 해롭다고 생각했다. 특히 자연 얼음을 이용해 음식을 식혀야 얼음에서 습기가 발생, 음식 맛이 더 좋아진다고 여겼다. 그래서 자연 얼음을 'Wet Ice'라고 부르며 차별화하기를 좋아했다.

하지만 당시 사람들이 필요했던 것은 오히려 인공 냉기였다. 정육 업체들은 많은 얼음을 구매했지만, 자연 얼음은 부피가 너무 커서 얼음이 작업장 절반을 차지했다. 청결이 중요한 낙농 업체는 자연 얼음에 섞인 이끼와 먼지로 골머리를 앓았다. 미국에서 얼음을 많이 소비했던 양조 업체들은 자연 얼음에서 발생하는 습기로 맥주에 곰팡이가 생기는 것이 싫었다.

냉장 기술이 발전하자 이런 고객들이 자연 얼음을 외면했고, 얼음 무역 산업은 쇠퇴하고 말았다. 얼음 무역 사업자들이 게을렀던 것은 아니다. 그들은 마지막 순간까지 더 효율적으로 얼음 캐는 기술을 연구하고, 자연 얼음의 장점을 열심히 광고했다. 하지만 더 싸고, 청결하며, 편한 냉장 기술에 맞서 옛 방식을 지키려고 한 것은 결국 옳은 방향이 아니었다.

15만 년의 역사를 지탱한 중개인 자리를 위협하는 블록체인 기술을 직시해야 하는 이유다. 많은 사람들이 투기성 짙은 비트코인 때문에 블록체인에 회의적인 시선을 보낸다. 일시적인 신드롬, 심지어 사기 취급도 한다. 하지만 블록체인이 이제 겨우 10년 된 기술임을 생각할 때, 지금까지 불러일으킨 반향은 유례가 없다.

비트코인부터 시작해보자. 비트코인은 실체 없는 가상 숫자일 뿐이다. 그 어떤 국가나 기업도 비트코인을 돈이나 물건으로 바꿔준다고 보장하지 않는다. 하지만 블록체인 기술이 적용된 이 가상 숫자는 한번 적어 놓으면 국가나 은행이나 운영 업체가 보장하지 않아도 그 값이 바뀔 수 없는 믿을 수 있는 숫자다. 모두가 쓰고 확인할 수 있지만, 마음대로 고칠 수 없는 이 가상 장부의 가치를 사람들이 눈치 채는 데 오래 걸리지 않았다.

사진 속 남자(사진 2)는 2014년 우크라이나에 민주혁명에 참여한 시

| 사진 2 |

민이다. 자신의 비트코인 계좌번호가 담긴 QR코드를 들고 있다. 전 세계 누구든 이 비트코인 계좌로 지원금을 보내 우크라이나 혁명을 지원할 수 있다. 복잡한 은행 송금 절차 없이 블록체인으로 만들어진 마법의 비트코인 장부를 이용해 지원금을 보내는 것이다.

일반 은행 계좌로 송금한다면 이 반정부 시민이 자국 은행에서 예금을 쉽게 찾을 수 있을까? 또 우크라이나 돈으로 지원금을 보내면, 불안한 정세 때문에 그 가치가 급격히 떨어질 수도 있다. 게다가 비트코인 장부에는 보내는 사람과 받는 사람의 계좌번호 외에 어떠한 신원정보도 담기지 않는다. 자신의 비트코인 계좌 번호만 드러내지 않는다면 철저한 익명으로 타국의 혁명을 지원할 수도 있다.

이처럼 국가나 은행의 개입 없는 금전 거래는 편리함은 물론 자유와 익명성도 보장한다. 익명성은 범죄에 이용되기 쉽다고 비판받기도 하지만, 사람들이 일반 화폐와는 다른 비트코인의 가치를 이해하는 계기도 됐다.

비트코인을 넘어 블록체인 기술이 적용될 수 있는 더 넓은 영역을 바라보면, 앞으로 다가올 변혁이 더 크게 느껴진다. 각종 거래에서 중개인의 역할이 사라지면 경제는 과연 어떤 모습이 될까? 우선 중개인에 지불하는 많은 비용을 안 내도 된다. 그뿐일까? 우리 경제의 많은 부분은 중개인을 토대로 하고 있으므로 당신이 중개업에 종사하고 있든 그렇지 않든, 당신이 사업을 운영하는 방식은 근본적으로 바뀌게 될 것이다.

당장 급한 것은 금융기관이다. 블록체인으로 가장 큰 변화를 맞게 될

이들은 이 기술을 누구보다 잘 활용하고 그 발전 방향을 주도하려고 많은 노력을 기울인다.

당신의 사업이, 당신이 일하는 직장이 은행업이나 중개업이 아니더라도, 블록체인이 가져올 도전과 기회에 대한 고민에서 자유로울 수 없다. 블록체인으로 인해 당신 사업의 계약 방식은 어떻게 바뀔 것인가? 이와 연관해 운전자본(working capital)과 인벤토리(재고·상품) 전략을 효율화할 수 있을 것인가? 중개인 없이 모든 거래가 낱낱이 흩어져 이루어질 때, 당신은 고객에게 어떻게 접근할 것인가? 금융의 패러다임이 바뀌면 투자자와의 관계 및 자금 조달 방식은 어떻게 달라질 것인가?

블록체인은 하루아침에 세상을 바꾸지 못할지도 모른다. 사실 아직 넘어야 할 산이 많다. 블록체인의 거래 처리 속도는 너무 느리고, 블록체인을 구현하는 기술과 정책도 완벽하지 않다. 19세기 말 냉장 기술도 문제가 많았다. 고장이 잦았고, 큰 화재도 속출했다. 그래서 얼음 무역 사업자들은 냉장 기술의 한계를 지적하며, 노르웨이에서 망치와 끌로 자연 얼음을 계속 캤다.

하지만 얼음 무역 사업은 사라진 지 오래다.

PART 5

블록체인 2

블록체인이라는 마법장부는 어떻게 만들어지는가

앞 장에서 블록체인이 '무엇(what)'을 할 수 있는지 설명하면서 '어떻게(how)'는 잠시 미뤄뒀다. 고칠 수도 지울 수도 없는, 마법의 공동장부는 도대체 어떻게 만들어질까. 이 질문이 마음속에 남아 있다면, 이 장을 꼼꼼히 읽어보면 된다. 세상에서 가장 쉽게 설명하겠지만, 그래도 정확한 이해를 위해 반드시 알아야 할 기술적인 내용은 피하지 않고 다룬다. 차분히 여유를 갖고 읽으면 좋겠다. (이 장에서는 다양한 블록체인 기술 중 최초로 개발되어 가장 널리 쓰이고 있는 Proof-of-Work 방식의 블록체인을 기준으로 설명하기로 한다.)

누구도 마음대로 고칠 수 없다는 것은 거래장부의 핵심이다. 함부로 고칠 수 없어야 장부를 믿고 거래를 진행할 수 있기 때문이다. 고칠 수 없는 기록을 남기는 쉬운 방법은, 기록을 고칠 권한을 제한하는 것이다. 나의 신용카드 거래장부는 나도, 가게 주인도 함부로 못 고치므로 믿을 수 있다. 서로 믿을 수 없는 거래 당사자들은 장부를 읽는 것만 허락하고, 장부 쓰는 권한은 신용카드 회사처럼 우리가 함께 믿는 제3자에게 주는 것이다. 하지만 이때 우리는 신용카드 회사의 선의(장부 내용을 조작하지 않는다)뿐 아니라 역량(권한이 없는 사람은 손대지 못하도록 장부를 지킨다)에 의존하며, 이에 대한 비용(수수료)을 지불한다.

반면 블록체인은 관리자 없이 누구나 쓸 수 있지만, 한번 쓰고 나면 아무도 고칠 수 없다. 아무나 쓸 수 있는데 쓰여 있는 것을 고칠 수는 없다, 도대체 어떻게 가능할까? '고칠 수 없다'를 좀 더 정확하게 말하면 블록체인에 이미 적혀 있는 내용을 고치는 데 시간과 비용이 많이 들어 현실적으로 불가능하다. 이를 이해하려면 블록체인 장부가 작성되는 방식을 알 필요가 있다.

비트코인 장부를 예를 들어보자. 내 계좌 A에 있는 비트코인을 다른 계좌 B로 보내려면, 먼저 A에서 B로 얼마를 옮긴다는 거래 요청을 전 세계 비트코인 네트워크로 전송해야 한다. 그러나 이 거래 메시지가 비트코인 장부에 곧바로 기록되는 것은 아니다. 비트코인 장부 작성에 참여하는 노드(node, 보통 채굴자miner라고도 불린다)가 대략 10분에 한 번씩 1,500건 정도의 거래 내용을 모은 블록(block)이라는 데이터를 만들고, 나의 거래 요청도 이때 블록 안에 포함된다.

이처럼 개별 블록은, 지난 10분 동안 발생한 1,000~2,000건 정도의 거래내역을 담고 있다. 하지만 계좌 A의 실제 잔고를 확인하려면, 지난 10분이 아닌 계좌 A가 만들어진 뒤 모든 입출금 내역을 확인해야 한다. 이를 위해 블록체인은 각각의 블록들을 시간 순으로 연결한 체인(chain)을 만들어 과거에 일어난 모든 거래내역을 확인할 수 있게 했다. 말 그대로 블록들의 체인, 블록체인인 것이다.

체인을 만드는 법은 간단하다. 각각의 블록은 자신만의 이름(정확하게는 해당 블록의 해시hash 값이다. 해시에 대해서는 이 장 뒷부분에서 설명하겠다.)이 있다. 새로운 블록을 만들 때마다 바로 이전 10분의 거래내역이 담긴 블록, 즉 부모블록(parent block)의 이름을 포함시킨다. 이 부모블록 또한 그 이전 10분 동안의 거래내역을 담은 다른 블록의 이름을 포함하고 있다. 이렇게 현재의 블록에서 부모블록을 따라가면서 과거에 있었던 모든 거래내역을 확인할 수 있다. 그림 16은 간단한 예시를 통해 블록체인이 거래내역을 어떻게 기록하는지를 보여준다.

하지만 이것만으로 블록체인이 어떻게 고칠 수도, 지울 수도 없는 마법의 공동장부를 만들 수 있는지 설명하지 못한다. 이제부터 독자들을 괴롭히는 질문을 하나씩 살펴보면서 블록체인을 다시 이해해보자.

블록체인 월드는 만장일치 사회다

그렇다면 노드가 내역을 정확하게 기록했음을 어떻게 알 수 있을까? 결국 노드를 신뢰해야 하는 것인가? 비트코인에서는 원하면 누구든 직접 노드가 되어 블록 생성에 참여할 수 있다. 즉, 계좌 A의 주인은 거래하고자 하는 내역을 다른 노드에게 보내 블록 생성을 요청할 수 있고, 동시에 원한다면 자신이 직접 다른 거래 요청을 모아 새로운 블록을 생성할 수도 있다. 실제로 비트코인 블록 생성에 참여 중인 노드 수는 만

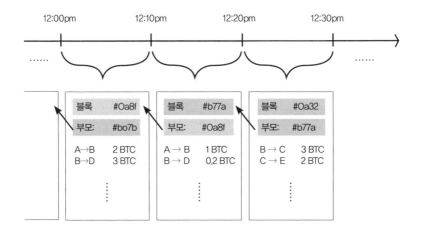

| 그림 16 |

개가 넘는다(2018년 5월 12일 하루 동안 10,416개의 노드가 채굴에 참여했다). 이처럼 노드가 되기 위한 자격 조건이나 신원 확인, 승인 절차가 없는데 우리가 어떻게 노드를 신뢰할 있는가. 그럼에도 불구하고 블록체인 장부 내용을 신뢰할 수 있는 이유는 무엇인가.

블록체인 장부를 이루는 블록들은 한 군데 모여서 저장되지 않는다. 어떤 노드가 새로운 블록을 생성하면 인터넷을 통해 주위 다른 노드들에게 이 블록을 전송한다. 블록을 받은 노드들은 같은 블록을 더 많은 노드들에게 전달(relay)하고, 이런 전달 과정을 반복해 결국 모든 노드들이 같은 블록을 공유하게 된다.

이제 노드들은 다음 블록을 만드는 작업을 시작한다. 이때 가장 먼저 블록을 생성한 노드가 새로운 블록을 주위 노드에 보내면, 다시 한 번 전달 과정을 걸쳐 모든 노드에 새로운 블록이 퍼져나간다. 이처럼 블록체인 장부는 중앙에 저장되지 않고, 참여하는 모든 노드가 가질 수 있는 복사본으로 구성된 분산형(distributed) 장부다.

그런데 각 노드들은 어떤 블록을 전달할 때, 해당 블록이 규칙을 지키는지 검증(validate)한다. 예를 들어 어떤 블록에 잔고보다 더 많은 금액을 인출하는 거래내역이 담겨 있다면 이 블록은 검증에 실패하여 다른 노드로 전달되지 않고 폐기된다. (당연히 이 블록을 부모블록으로 하는 새로운 블록이 만들어지지도 않는다). 따라서 악의적인 노드가 규칙을 어기는 블록을 만들어도 블록은 전체 블록체인 네트워크에 퍼져 나가지 못하고 곧 사라진다. 바꿔 말해 어떤 블록이 전체 네트워크에 퍼져 있고, 또

한 이 블록을 부모블록으로 하는 새로운 블록들이 생성됐다면(새로 생긴 블록 안에 이 블록의 이름이 적혀 있으므로 그 사실을 확인할 수 있다), 이는 모든 노드들이 이 블록을 검증하여 받아들였다는 의미가 된다. 다시 말해, 분산형 장부인 블록체인에서는 모든 노드들의 만장일치, 즉 컨센서스(consensus)를 얻은 블록만 살아남는다. 노드들이 서로 견제 역할을 하기 때문에, 특정 노드 마음대로 규칙에 맞지 않는 내용을 블록체인 장부에 기록할 수 없는 것이다.

갈라진 체인은 곧 통합된다

여러 노드가 저마다 알아서 블록을 생성한다면, 누가 만든 블록을 공식 장부로 받아들일 것인가? 이렇게 분산형 장부는 네트워크에 참여한 모든 노드의 컨센서스로 기록되는 내용을 검증한다. 하지만 만 개나 되는 노드가 저마다 블록을 생성한다면, 개별 블록의 내용이 문제가 없어도 이 중 어떤 블록이 '공식 블록' 즉 전체 블록체인 장부의 일부가 되느냐 하는 문제가 생긴다.

그림 17은 이런 문제가 왜 발생하는지 보여준다. A, B, C 세 블록체인 계좌가 거래를 맺으려 한다. 많은 노드들이 서로 독립적으로 블록을 생성하므로, 어떤 거래는 여러 블록에 중복되어 기록될 수도 있다. 그림 17에서 서로 다른 두 개의 노드가 같은 100번 블록을 부모블록으로

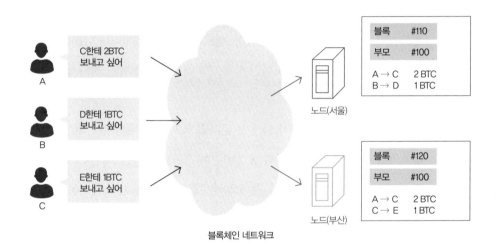

블록체인 네트워크

| 그림 17 |

101

하는 110번과 120번 블록을 만들었다. 계좌 A의 거래가 두 노드에 모두 전달돼, 110번 블록과 120번 블록에 중복되었다. 부모가 같은, 동세대 블록(기술용어로는 '높이height가 같은 블록'이라고 부른다)에 수많은 형제 블록이 생성될 수 있고, 형제 블록들 안에는 거래 건들이 여러 번 중복되어 있을 수 있다.

만약 110번과 120번 블록 모두 공식적인 거래내역으로 남는다면, 계좌 A의 거래가 중복되어 잔고가 두 배로 줄어들게 될 것이다. 결국 같은 세대 블록들 가운데 단 하나만 블록체인 장부의 공식적인 역사가 되어야 한다.

만약 110번 블록이 공식 블록이 된다면, 120번 블록은 무시되어야 하고, 120번 블록에 담긴 거래 중 110번에 포함되지 않은 계좌 C의 거래는 다시 110번을 잇는 다음 세대의 새로운 블록에 포함되게 하는 것이다. 그러나 블록체인은 신뢰할 수 있는 중앙 통제 시스템이 필요 없도록 만들어졌기 때문에, 이처럼 형제 블록 가운데 하나의 블록만이 살아남도록 하는 것이 쉽지 않다.

블록체인은 현 세대에서 110번과 120번 블록을 모두 인정하고, 노드들이 각각의 블록을 기반으로 다음 블록을 생성하는 것을 허용한다. 이때 그림 18에서처럼, 110번의 자식 블록으로 111번 블록, 120번의 자식 블록으로 121번 블록이 만들어 졌다고 하자. 이로 인해 전체 블록체인은 두 개의 체인으로 갈라지게 되었다. 네트워크상의 위치에 따라, 어떤 노드는 체인 X를 가지게 되고, 다른 노드는 체인 Y를 가지게 된다.

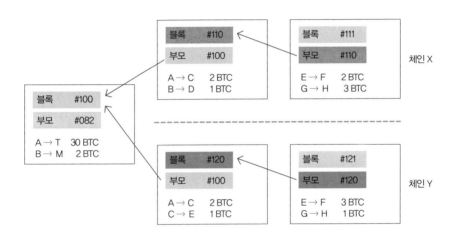

| 그림 18 |

이렇게 블록체인이 갈라지게 되었다. 큰일이 난 것 같지만, 일시적으로는 아무 문제가 되지 않는다! 체인 X를 갖고 있는 노드는 비록 계좌 C의 거래는 아직 알지 못하지만, 최소한 X에 있는 모든 거래는 중복 없이 정확히 기록되어 있다. 마찬가지로 체인 Y에는 계좌 B의 거래는 아직 기록되지 않았지만, 기록되어 있는 거래들은 중복이 있을 수 없다. 따라서 X와 Y중 어느 하나만 받아들이는 한, 아직 알지 못하는 거래가 있을 수는 있어도 기록된 거래들은 모두 정확하다고 믿을 수 있다.

하지만 체인을 계속 방치할 수는 없다. 체인 X를 갖고 있는 사람들이 영영 계좌 C의 거래를 확인할 수 없게 되기 때문이다. 게다가 이대로라면 블록체인은 더 많은 체인으로 갈라지게 된다. 노드들이 저마다 다른 장부를 갖게 된다면, 애당초 서로가 동의할 수 있는 공동의 장부를 만든다는 목적을 달성할 수 없게 된다.

하지만 갈라진 체인을 곧 자연스럽게 하나로 합쳐진다. 블록체인이 '서로 다른 체인 중 더 긴 체인을 우선'하기 때문이다. 그림 18에서 체인 X와 Y는 길이가 같다. 두 체인 모두 100번 블록으로부터 두 세대 진행됐기 때문이다. 하지만 시간이 흐르면 두 체인의 성장 속도에 차이가 생긴다. 그림 19는 체인 X의 111번 블록 이후로 112번 블록 한 개가 생성되는 동안, 체인 Y에서는 122번, 123번, 124번 블록 세 개가 생성된 모습을 보여 준다.

이때 어떤 노드가 112번 블록을 전달받아 113번 블록을 만들고 있

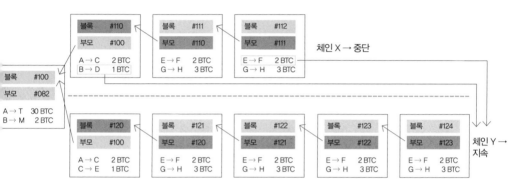

| 그림 19 |

었다. 이때 124번 블록이 도착한다. 만들고 있던 113번 블록은 100번 블록의 4세대 뒤인 반면, 124번 블록은 100번 블록의 5세대 뒤다. 그러면 노드는 113번 블록이 속한 체인 X를 버리고 124번 블록이 속한 체인 Y를 받아들인다. 더 긴 체인에 더 많은 거래내역이 담겨 있고, 사람들은 더 많은 거래내역이 담겨 있는 체인을 선호하기 때문이다.

이 노드가 여전히 체인 X에 집착해 계속해서 113번 블록을 만든다 해도, 주변 노드들이 113번 블록은 무시하고 더 긴 체인 Y의 새로운 블록들을 만들어 전달할 확률이 높다. 따라서 이 노드는 결국 113번 블록 만들기를 중단하고, 체인 X와 Y가 갈라진 이후 체인 X에서 생성된 블록, 즉 110번·111번·112번 블록에 있는 거래 중 체인 Y(120~124번 블록)에 담기지 못한 거래들을 모아 125번 블록을 만드는 것이 유리하다. 이처럼, 체인이 갈라져도 속도가 느린 체인은 곧 사라지고 그 안의 거래 내역들은 더 빨리 성장한 체인으로 옮겨진다.

요컨대 개별 블록만 따로 보면 어떤 블록을 선택해야 할지 알 수 없지만, 체인을 따라가며 연결된 블록들을 모으면 중복 내역이 없는 정확한 장부를 얻을 수 있다. 블록이 생성되는 과정에서 체인이 갈라지는 일이 생길 수 있지만, 갈라진 각각의 체인별로 장부 내용에 문제가 발생하지 않는다. 또한 갈라진 체인은 곧 다시 하나의 체인으로 통합되므로 모두가 함께 확인할 수 있는 공동의 장부가 만들어진다.

해시와 넌스 : 규칙을 어긴 블록의 퇴출도구

어째서 이전 거래내역들을 고칠 수가 없는 것인가? 지금까지 블록체인에 대하여 많은 것들을 알아봤지만 여전히 왜 블록체인 장부를 고칠 수 없는지는 설명되지 않았다. 이제 드디어 블록체인의 핵심이다.

내가 5비트코인을 내고 차를 사고 싶어졌다. 그런데 잔고를 확인해보니 4비트코인뿐이다. 그제야 지난 달, 보일러 수리를 하느라 2비트코인을 쓴 것이 기억났다. 나는 비트코인 장부를 몰래 고쳐서 4비트코인밖에 남지 않은 잔고를 5비트코인으로 만들고 싶어졌다.

나는 지난 달 지불한 2비트코인 거래 기록을 1비트코인으로 몰래 바꾼다. 이 거래내역은 어느 한 블록 안에 담겨 블록체인에 연결되어 있다. 이 블록을 '음모블록'이라고 하자. 10분에 하나의 블록이 생성되므로, 음모블록 이후로 한 달 동안 5,000개 정도의 새로운 블록이 연결되었을 것이다.

나는 수리공과 계약을 했을 때 음모블록을 따로 보관해 뒀다. 이제 이 블록 안에 수리공과의 계약 금액을 1비트코인으로 바꾸면 된다. 어차피 내 컴퓨터에 저장된 블록이니 내용은 내 마음대로 수정할 수 있다. 이제 자동차 판매상을 찾아가, 내용을 조작한 음모블록과 여기에서부터 이어진 블록체인을 보여주면 된다. 음모블록 안에는 내 계좌에서 1비트코인이 빠져나간 것으로 돼 있기 때문에, 내 계좌 잔고는 원래보다 1비트코인이 늘어나게 된다. 물론 차 딜러가 다른 노드를 통해 음모블록을 찾아보면, 그 블록에는 내가 수리공에게 1비트코인이 아니라 2비트코인을 지불한 것으로 되어 있을 것이다. 하지만 비트코인은 권한을 가진 중앙 관리자가 없다. 나의 블록이 틀렸고 다른 노드의 블록이 정확하다고 어떻게 주장할 것인가?

조작을 감행해야겠다. 음모블록에서 지불 금액을 2비트코인에서 1비트코인으로 바꿨다. 그런데 아뿔싸! 숫자 하나 고쳤을 뿐인데 그 블록 이름이 바뀌어버렸다! 어찌된 일일까? 블록 이름은 그때그때 임의로 짓는 것이 아니라, 블록의 내용에 따라 결정되는 해시(hash) 값이 자동으로 그 블록의 이름이 된다. 해시란 컴퓨터 알고리즘의 한 종류로, 해시 알고리즘을 사용하면 그 어떤 데이터이든지 짧은 숫자열로 변환할 수 있다. 이 변환된 숫자열을 원본 데이터의 해시 값이라고 부르는데, 이 해시 값은 원본 데이터를 아주 조금만 고쳐도 완전히 바뀐다.

그림 20에서 심청가의 첫 번째 단어 '옛날옛적'을 '옛날 옛적'으로 살짝 바꾸기만 해도, 심청가 전체의 해시 값은 전부 바뀌어 버리는 것을 볼 수 있다. (해시 알고리즘에는 여러 종류가 있다. 여기서는 비트코인에서 사용하는 SHA-256이라는 알고리즘을 사용했다. SHA-256은 임의의 데이터를 64자리의 16진수로 변환한다.)

블록체인에서는 각 블록의 해시 값이 바로 그 블록의 이름이다. 이 때문에 블록체인 장부를 조작하려는 나의 시도는 복잡해진다. 음모블록에서 숫자 2를 숫자 1로 바꾸기만 해도 음모블록의 해시 값이 완전히

545f7b5086c5f9cd833db32447eb4f6ddc23592ed11d6f70801829a379801d6a
→ 48e8c4024c4046a12bec96130366a146579518b07d5a8423f466108564c9ff83

| 그림 20 |

변해 버린다.

음모블록 바로 다음에 생성된 블록(이를 'N+1 블록'이라 하자)에 적힌 부모해시 값은 바뀌기 전 음모블록의 해시 값이다. 따라서 음모블록과 N+1 블록 간의 연결고리가 끊기고, 자동차 딜러는 음모블록이 조작됐음을 즉시 눈치챈다(그림 21).

그럼 음모블록뿐 아니라 N+1 블록 안의 부모블록 이름도 새로 바뀐 해시 값으로 고치면 된다. 이때 당연히 N+1 블록의 해시 값도 바뀌므로, 다시 N+2 블록 안의 부모블록 이름도 고쳐야 한다. 즉, 음모블록에서 시작해 지난 한 달 간 약 5,000개의 블록을 차례대로 모두 고치면 현재로부터 (수정된) 음모블록까지 이어지는 블록체인을 만들어 낼 수 있다.

번거롭긴 해도 가능하지 않을까? 해시 값은 굉장히 빨리 계산할 수 있으므로 5,000개의 블록에서 부모블록 값을 수정하는 것은 어렵지 않다. 그런데 그림 21을 다시 한 번 자세히 살펴보면, 이상한 점이 있다. 내용을 고친 음모블록 해시 값(e92de669…)을 제외하고 모든 블록의 해시 값이 18개의 연속된 0으로 시작한다는 것이다. 이 해시 값들은 비트코인 블록체인을 구성하는 실제 블록에서 가져온 것이다. 왜 한결 같이 이렇게 생겼을까?

블록의 해시 값이 정해진 개수의 0으로 시작해야 한다(필요한 0 개수는 시간에 따라 늘어난다)는 것은 블록체인의 가장 중요한 규칙이다. 이 규칙을 어긴 블록은 검증을 통과 못해 버려진다. 이것을 '0 규칙'이라 부르자. 어떻게 해시 값을 우리가 원하는 0 개수로 시작하게 만들까?

이를 위해 각각의 블록에는, 거래내역과 부모블록의 이름 외에도 넌스(nonce)라는 데이터가 추가된다. 넌스 값은 블록체인 장부 내용과는 무관하다. 오직 각 블록의 해시 값을 조절하는 역할만 한다. 넌스 값을 이리저리 바꿔보면 블록 전체의 해시 값도 바뀐다. 수많은 넌스 값을 시도하면 언젠가 0 규칙을 만족하는 해시 값이 나올 것이다. 한 노드가 운 좋게 그런 넌스 값을 찾으면 드디어 하나의 블록이 완성된 것이다. 그 노드는 찾아낸 넌스 값을 포함해 주위 노드에 블록을 전송하고, 앞서 설명한 전달의 과정을 거쳐 전체 네트워크에 퍼져 나가게 된다.

내가 5,000개의 블록을 고칠 때도, 내가 원하는 부분만 고쳐서는 0 규칙을 만족하지 못한다. 음모가 성공하려면, 5,000개의 블록마다 넌스 값까지 바꿔주어 새로운 해시 값이 0 규칙을 만족시키게 만들어야

```
┌─────────────────────────────────────────────────────────────────────┐
│                              음모블록                                 │
│                    2비트코인 지불 ➜ 1비트코인 지불                    │
│                                                                       │
│  원래의 해시 값 : 0000000000000000000000395a21979eb47388d5144bc2fa91812bdacee99e9f63d │
│  ➜ 바뀐 해시 값 :  e92de66910677c0587ad9e816a99de234a0b817f93feb27c60304152b4b24937 │
└─────────────────────────────────────────────────────────────────────┘

┌─────────────────────────────────────────────────────────────────────┐
│                              N+1 블록                                 │
│  부모 블록 : 0000000000000000000000395a21979eb47388d5144bc2fa91812bdacee99e9f63d │
│                                                                       │
│  해시 값 : 0000000000000000000000395a21979eb47388d5144bc2fa91812bdacee99e9f63d │
└─────────────────────────────────────────────────────────────────────┘

┌─────────────────────────────────────────────────────────────────────┐
│                              N+2 블록                                 │
│  부모 블록 : 0000000000000000000000395a21979eb47388d5144bc2fa91812bdacee99e9f63d │
│                                                                       │
│  해시 값 : 0000000000000000000023d2ec7f9a2f7909d0691ddcaf8ecf0d7d30b346ccda5d │
└─────────────────────────────────────────────────────────────────────┘
```

| 그림 21 |

111

한다.

이렇게 0 규칙을 만족하는 해시 값을 찾으려면 시간이 얼마나 걸릴까? 임의의 넌스 값을 갖고 한 블록의 해시 값을 계산할 때, 0의 규칙을 만족할 확률은 현재 178해 분의 1이다. (이 확률 또한 시간에 따라 감소한다.) 즉 평균적으로 178해 번의 시도 끝에 1개의 넌스 값을 찾을 수 있다. 지금 필자가 사용하는 컴퓨터는 해시 값을 1초에 2,000만 개 정도 계산한다. 178해 개의 넌스로 해시 값을 계산하려면 2,800만 년이 걸린다. 5,000개의 블록의 넌스를 모두 업데이트 하려면 1,410억 년이 걸린다.

수많은 컴퓨터가 모이면 슈퍼컴퓨터보다 빠르다

하나의 블록을 만드는 데 이렇게 오래 걸린다면, 전체 블록체인 네트워크에서는 어떻게 10분에 한 번씩 새로운 블록이 생길까? 수많은 컴퓨터가 블록 생성에 참여하기 때문이다. 이 중 어떤 컴퓨터는, 나의 컴퓨터보다 500배쯤 빠르게 해시 값을 계산할 수 있다. 전 세계의 수많은 컴퓨터가 다음 블록 한 개를 생성하기 위해 수없이 많은 넌스 값을 테스트하는 것이다.

내가 1비트코인을 조작하려면 전체 블록체인 네트워크가 블록 1개를 만드는 것보다 더 빨리 5,000개의 블록을 다시 만들어야 하는 것이다. 하지만 1,410억 년 걸리는 내 컴퓨터로는 불가능한 일이다. 이제 남은 유일한 방법은 전 세계 블록체인 노드를 모두 합친 것보다 5,000배 큰 컴퓨팅 파워, 즉 슈퍼 울트라 컴퓨터를 손에 넣는 것이다. 하지만 블록체인을 조작해 얻을 이득보다 훨씬 더 큰 비용이 들어간다.

이제 우리는 블록체인이 어떻게 고칠 수도, 지울 수도 없는 마법의 공동장부를 만들어내는지, 그 방법(how)을 마침내 이해하게 되었다. 블록체인 장부에서 과거의 거래내역을 수정하려면, 그 이후에 쌓인 모든 블록을 수정해야 하고, 그 블록마다 0의 규칙을 충족시키기 위한 넌스 값을 계산해야 한다. 이 모든 넌스 값을 계산하려면 엄청난 시간이 걸리므로 블록체인으로 연결된 예전 거래내역은 고칠 수 없다. 지난 달 우리 집 보일러를 고쳐 준 수리공의 2비트코인은 이제 안전하다.

PART 6

5G Powered :
가상·증강·융합 현실

5G가 불러올 신종 현실 시대의 도래

2018년 2월 말 바르셀로나에서 열린 세계 최대 규모의 이동·정보 통신 산업전시회 MWC(Mobile World Congress)의 주인공은 단연 5G, 차세대 이동통신이었다. 전시관마다 '5G'를 전면에 내세운 전시물과 브로슈어가 가득했고, 통신사들은 경쟁하듯 5G 적용사례를 소개했다. T 모바일(T Mobile)은 5G 서비스를 선보일 30개 도시를 선정, 발표했고 NTT 도코모(Docomo)와 인텔(Intel)은 2020년 도쿄 올림픽을 겨냥한 5G 파트너십 계획을 밝혔다. 이런 분위기라면 5G 상용화는 시간문제인 것 같다.

하지만 매년 MWC를 다니는 사람들은 알고 있다. 3년 전에도 MWC의 화두는 5G였다는 것을 말이다. 2015년에도 5G의 압도적인 속도와 초저지연성 같은 기본 특성은 물론, 자율주행, 로봇, 사물인터넷(IoT; internet of things) 등 실제 서비스에 적용 예정인 사례가 함께 주목받았다.

매년 비슷한 예고편만 계속해서 틀어 대고 있다니, 3년간 5G의 시간은 멈춰 있었던 것일까? 물론 그 사이 변화가 없었던 것은 아니다. 2017

년 말에는 5G 네트워크 1차 표준이 정해졌고, 네트워크 장비의 기술적 준비도가 향상됐으며, 서비스도 조금 더 구체화된 형태를 갖추기 시작했다.

5G의 본색은 이제부터다

이런 상황을 두고 '5G 출시 준비는 로드맵에 따라 차근차근 잘 진행되고 있다'고 보는 관점과 '5G가 소리만 요란하지 고객이 체감할 실질적인 '무엇(서비스)'이 좀처럼 보이지 않는다'는 관점이 공존한다. 5G 통신과 항상 같이 언급되는 자율주행이 후자의 대표적인 사례다. 자율주행은 꽤 오래 전부터 화제였지만, 실제 도로에서 완벽하게 구현되려면 상당한 시간이 소요될 예정이다. 마찬가지로, 우리가 매일 사용하는 이동통신이 5G가 나타나게 된다고 해서 당장 어떻게 변화할지 아직 그림이 잘 그려지지 않는다. (독일 울름대학 연구진과 중국과학기술대학 연구에 따르면 전 세계 일일 평균 스마트폰 사용 시간은 2.5시간이다.)

가상 · 증강 · 융합 현실 기술을 얘기하는 장에서 차세대 통신에 대한 이야기를 하는 중요한 이유가 있다. 지금 많이 논의되는 가상 · 증강 · 융합 현실 기술도 결국 5G가 기반이 되어야 본격적으로 실현될 가능성이 높기 때문이다. 그러므로 가상 · 증강 · 융합 현실 기술을 이해하기에 앞서 통신 세대의 진화에 대해 조금 더 살펴보자.

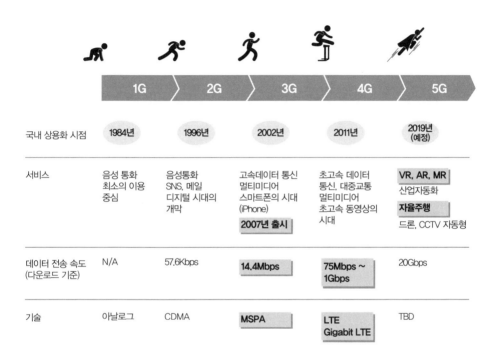

	1G	2G	3G	4G	5G
국내 상용화 시점	1984년	1996년	2002년	2011년	2019년 (예정)
서비스	음성 통화 최소의 이용 중심	음성통화 SNS, 메일 디지털 시대의 개막	고속데이터 통신 멀티미디어 스마트폰의 시대 (iPhone) 2007년 출시	초고속 데이터 통신, 대중교통 멀티미디어 초고속 동영상의 시대	VR, AR, MR 산업자동화 자율주행 드론, CCTV 자동형
데이터 전송 속도 (다운로드 기준)	N/A	57.6Kbps	14.4Mbps	75Mbps ~ 1Gbps	20Gbps
기술	아날로그	CDMA	MSPA	LTE Gigabit LTE	TBD

| 그림 22 |

통신 세대는 어떻게 진화했는가

1979년 일본의 NTT(Nippon Telegraph and Telephone)가 세계 최초로 도쿄에서 1세대 무선통신을 상용화한 이래, 지난 40년간 개인 간 무선통신 기술은 비약적으로 발전해 지금에 이른다.

그림 22에서 보는 것처럼, 이동통신 한 세대에서 다음 세대로 넘어가는 데 평균 약 10년이 걸렸다. 이동통신의 세대교체가 잘 일어나기 위해서는 필수 요소가 있다. 기존 네트워크가 제공하지 못하던 것에 더해진 '무엇'이 얼마나 혁신적이고 파급력 있는가 하는 것이다. 1세대(Generation)에서 2G로 전환을 가능케 한 결정적 '무엇'은 안정적인 네트워크와, 50만 원대 가격의 휴대폰 공급(그 전엔 보통 사람들에게 200만 원이 넘는 휴대폰은 사치품이었다)으로 인한 이동통신 서비스의 대중화였다.

2G에서 3G로 넘어갈 때도 상대적으로 약했지만 '무엇'이 있었다. 이전과는 차원이 다른 기능을 가진, 컴퓨터에 준하는 스마트폰의 출현과 앱 생태계의 활성화가 그것이다. 3G에서 4G로의 전환은 통신업계에서 큰 성공을 거둔 세대로 평가하는데, 네트워크-서비스(콘텐츠)-디바이스(단말 즉 휴대폰) 3박자의 합이 잘 맞았기 때문이다.

서비스 측면에서는 특히 동영상의 역할이 컸다. 이미 유선 인터넷을 통한 동영상 데이터를 활발하게 이용하는 시대가 열린 반면, 3G 무선 데이터 통신은 고화질 영상 데이터를 전송하기에 턱없이 부족했기 때문에 용량과 속도 개선에 대한 고객의 갈증이 뚜렷했다. 이런 상황에서 통

디바이스, 서비스, 네트워크 3박자의 합으로 본격적인 무선인터넷 시대 개막

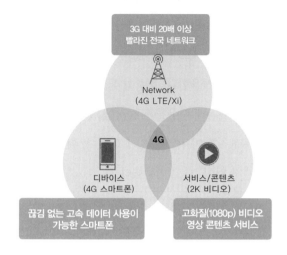

네트워크, 디바이스의 차별성이 높지 않은 반면 신규 B2C 서비스는 불명확

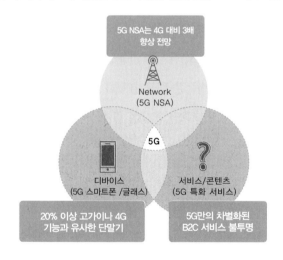

| 그림 23 |

신사들은 망설임 없이 조 단위 투자를 집행, 망을 구축할 수 있었고 이에 발맞춰 애플, 삼성, LG는 4G 플래그십 모델 디바이스를 출시했다.

이제 사람들은 기존 3G보다 20배(2016년 측정 다운로드 속도 기준) 빠른 속도로 LTE 데이터를 사용한다. 유튜브라는 파괴력 있는 동영상 플랫폼을 모바일에서 자유롭게 사용하기 시작했고, 포털사이트를 통해서도 풍성한 동영상 콘텐츠를 이용할 수 있게 되었다. 확연한 성능 차이를 실감한 고객들은 주저 없이 4G로 이주했다.

그런데 5G에서는 아직 이런 '네트워크-서비스-디바이스(단말 즉 휴대폰)'의 3합이 잘 보이지 않는 상황이다. 통신사들이 앞장서 5G 네트워크를 구축한다 하더라도 5G 휴대폰(퀄컴의 스냅드래곤 855 프로세서 탑재) 모델은 4G 휴대폰보다 20~30퍼센트 비싸지는 반면 기존 스마트폰에 비해 획기적인 기능은 없을 가능성이 높다.

4G에선 불가능했는데 5G에서만 가능한 그런 신세계급 서비스도 아직 나타나지 않았다. 사람들은 지금보다 더 높은 해상도의 초고화질 영상을 갈구할까? 또는 초고화질 영상을 위해 군이 30퍼센트 더 비싼 휴대폰을 새로 살 만큼 간절할까?

게다가 5G의 핵심 특성은 초연결성과 초저지연성인데(1km² 내 100만 개의 기기를 연결하고, 데이터가 왕복하는 end-to-end 지연시간이 1/1000초 미만) 이를 제대로 실행하려면 28Ghz 초고주파 대역을 사용해야 한다. 2019년 상용화를 앞둔 주파수 대역은 3.5Ghz 대역으로 이런 기능을 구현하

기에 부족하다. (참고 : 2018년 주파수 경매는 28Ghz 대역도 포함하여 진행)

게다가 초고주파 대역이 필요한 서비스는 일반인들보다는 자율주행, 스마트 팩토리, 원격 조종 등 기업 고객이 필요로 하는 영역이라고 하는 것이 맞다. 즉 국내 통신 사업자들이 발 빠른 투자를 해서 '5G 세계 최초 상용화' 타이틀을 확보한다고 해도 그것이 개인 고객 가입 유치로 이어져 '세계 최초 수익 확보' 타이틀로 전환하는 것이 어려운 상황이다.

이처럼 5G는 기업(B2B)이 아닌 소비자 시장(B2C)에서 전망이 어두운 것처럼 보인다. 그런데 여기에는 많은 이들이 주목하는 단초가 있다. 바로 가상·증강·융합 현실 기술이다. 앞에서 언급한 것처럼 네트워크-디바이스-서비스는 서로를 밀고 끌며 공생하는 관계다. 동영상 서비스에 대한 니즈가 없었다면 4G에 대한 필요성이 낮았겠지만, 반대로 4G가 없었다면 무선 환경에서 자유롭게 유튜브를 시청하는 것도 불가능했다는 얘기다.

마찬가지로 많은 이들이 5G 네트워크를 통해 동영상에 가상현실(virtual reality), 증강현실(augmented reality), 더 나아가 융합현실(merged reality)과 같은 새로운 서비스가 활성화되고 이것이 다시 5G 네트워크의 확대를 불러올 수 있을 것으로 보고 있다.

오늘 하루, 우리는 휴대폰 데이터를 어떻게 소비했는가. 영화, 방송, 음악 같은 미디어 콘텐츠나 이미지 또는 텍스트로 된 콘텐츠를 다운로드받는, 일방향(one way) 형태로 데이터의 대부분을 썼다. 하지만 5G는

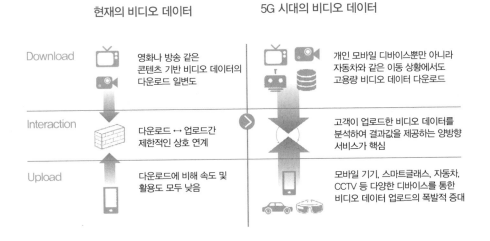

현재의 비디오 데이터　　　　5G 시대의 비디오 데이터

Download　영화나 방송 같은　　　　　개인 모바일 디바이스뿐만 아니라
　　　　　콘텐츠 기반 비디오 데이터의　　자동차와 같은 이동 상황에서도
　　　　　다운로드 일변도　　　　　　고용량 비디오 데이터 다운로드

Interaction　다운로드 ↔ 업로드간　　　고객이 업로드한 비디오 데이터를
　　　　　제한적인 상호 연계　　　　분석하여 결과값을 제공하는 양방향
　　　　　　　　　　　　　　　서비스가 핵심

Upload　다운로드에 비해 속도 및　　모바일 기기, 스마트글래스, 자동차,
　　　　활용도 모두 낮음　　　　CCTV 등 다양한 디바이스를 통한
　　　　　　　　　　　　비디오 데이터 업로드의 폭발적 증대

| 그림 24 |

122

다운로드 데이터의 속도와 양이 폭발적으로 클 때, 그리고 다운로드 일 방향이 아닌 양방향 데이터를 지연 없이 전송하는 서비스에 이용될 때 진가를 발휘한다. 그래서 가상현실(VR), 증강현실(AR), 융합현실(MR)과 궁합이 잘 맞는다. 정도의 차이는 있으나 신종 현실의 본격 구현에 양방 향 5G 데이터 통신이 필요한 이유다(그림 24).

이제 각 서비스에 대해서 조금 더 자세히 알아보자.

가상현실(Virtual Reality)의 특징과 가능성

최근 가상현실(VR)과 증강현실(AR)이 혼용되는 경우가 많이 보인 다. 하지만 실제 두 '현실'은 차이가 크다. 가상현실은 역사가 길다. 1968년에 처음 등장했는데, 사진 3처럼 머리에 쓰는 디스플레이 장비, HMD(Head Mounted Display)를 착용하고 시야를 현실에서 완전히 차단 한 상태에서 360도 3차원 영상으로 된, 그야말로 가상의 현실을 구현 한다.

무려 50년 전에 등장했지만 활용 속도가 늦었는데, 이유는 네 가지 였다. 첫째, 현실에서 시야가 차단되기 때문에 발생하는 공간 제약이 약 점으로 작용했다. 둘째, 신체 평형기관과 시각적 정보 사이의 괴리와 3D 화면 구현의 지연시간으로 인한 '가상현실 멀미(VR Sickness)'가 있었 다. 셋째, 초점 거리가 짧은 환경에서 사용자 눈에 픽셀 간격이 두드러

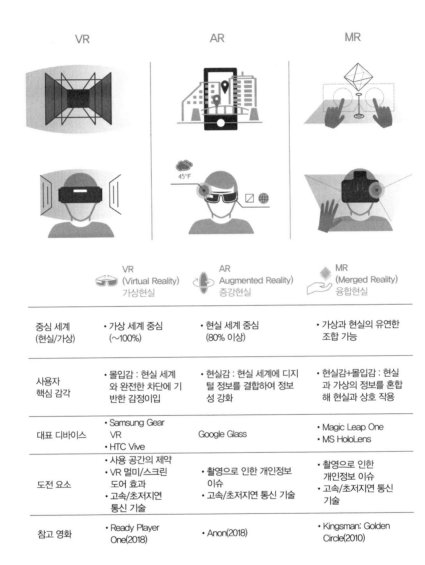

	VR (Virtual Reality) 가상현실	AR (Augmented Reality) 증강현실	MR (Merged Reality) 융합현실
중심 세계 (현실/가상)	• 가상 세계 중심 (~100%)	• 현실 세계 중심 (80% 이상)	• 가상과 현실의 유연한 조합 가능
사용자 핵심 감각	• 몰입감 : 현실 세계 와 완전한 차단에 기 반한 감정이입	• 현실감 : 현실 세계에 디지 털 정보를 결합하여 정보 성 강화	• 현실감+몰입감 : 현실 과 가상의 정보를 혼합 해 현실과 상호 작용
대표 디바이스	• Samsung Gear VR • HTC Vive	Google Glass	• Magic Leap One • MS HoloLens
도전 요소	• 사용 공간의 제약 • VR 멀미/스크린 도어 효과 • 고속/초저지연 통신 기술	• 촬영으로 인한 개인정보 이슈 • 고속/초저지연 통신 기술	• 촬영으로 인한 개인정보 이슈 • 고속/초저지연 통신 기술
참고 영화	• Ready Player One(2018)	• Anon(2018)	• Kingsman: Golden Circle(2010)

| 그림 25 |

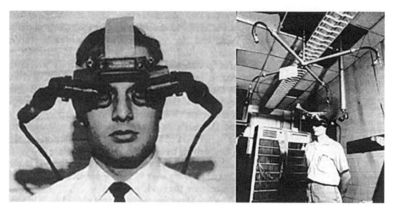

| 사진 3 | 미국의 컴퓨터 과학자 이반 서덜랜드(Evan Surthurland)가 구현한 최초의 가상현실 기기. 천장에 매달려 있는 모양 때문에 다모클레스의 검(The Sword of Damocles 권좌(權座)는 한 올의 말총에 매달린 칼 아래 앉아 있는 것처럼 위험하다는 그리스 신화에서 기원)이라고 불렸다. 단순한 선으로 구성된 가상현실을 구현했다.

지는 스크린도어 현상(Screen Door Effect)이 나타났다. 마지막으로, 비싼 가격으로 인해 대중화에 한계가 있었다. 그러나 시간이 흐르고 가상현실 기술이 발전하면서 이런 제약이 극복되기 시작했고, 사용자가 몰입감을 느낄 수 있는 영상 콘텐츠와 가벼우면서도 현실감 높은 HMD가 개발되고 있다.

가상현실은 현실세계를 차단하는 특성 때문에 이동 환경보다는 실내 환경을 중심으로 서비스가 이루어질 것이라고들 생각한다. 그래서 신종 현실 영역 중에서는 상대적으로 무선통신의 기회가 작아 보이는 것이 사실이다. 하지만 케이블이 주렁주렁 달린 HMD는 매우 거추장스럽고

심지어 위험하기까지 하며, 그래서 케이블 없는 무선통신에 기반을 둔 디바이스에 대한 사용자 요구가 높다.

또한 VR 사용자의 움직임을 모션 센서가 읽어 영상에 반영할 때까지의 지연시간(Motion-to-Photon)이 충분히 낮아야 사용자가 어지러움을 느끼지 않게 되는데, 10ms 미만의 지연 시간은 5G를 통해서 달성할 수 있다.

또한 향후 개인이 대용량의 가상현실 영상을 활발히 생산하게 된다면, VR은 이동통신과 뗄 수 없는 관계가 된다. 지금은 사람들이 일반 카메라를 통해 촬영한 사진과 동영상을 통해 추억을 간직하지만 사람들이 기억하고 싶은 순간들을 VR 영상으로 담아두기 시작한다면? 어린 자녀가 해변에서 뛰노는 모습이 초고화질 360도 카메라로 촬영된 뒤 통신망을 통해 서버에 차곡차곡 저장되고, 사용자는 언제 어디서든 그 풍경을 생생히 재현하는 가상현실에 접속하게 된다면? 360도 화면을 제공하는 5분 분량의 VR 콘텐츠의 데이터 용량은 DVD의 2시간 분량과 유사하다. 이 정도 크기의 데이터를 안정적으로 전송하기 위해서는 5G 통신의 고속 대용량 데이터 흐름이 절대적으로 필요하다.

증강현실(Augmented Reality)의 특징과 기대감

AR(증강현실)은 현실세계가 중심이라는 점에서 가상현실과 다르다.

2016년 나이언틱(Niantic)사가 내놓은 포켓몬고 게임 덕에 증강현실에 대한 관심이 폭발했다. 포켓몬고는 사용자 휴대폰의 카메라와 자이로스 코프 센서(gyroscope sensor 회전하는 물체의 역학운동을 이용, 위치 측정과 방향 설정 등에 활용되는 기술. 스마트폰, 리모컨, 비행기, 드론, 위성의 자세제어 장치 등에 널리 사용된다)에 접근, 실사를 배경으로 포켓몬스터를 보여준다. 이처럼 현실 이미지에 디지털 영상을 중첩(overlay), 하나의 영상으로 보여주는 것이 증강현실이다.

넷플릭스 자체 제작 영화 〈아논(Anon 2018)〉의 세계 속 인물들은 자 신이 맞닥뜨리는 모든 사람과 사물에 대해 상세한 정보를 안구에 인식 된 생체렌즈를 통해 확인하면서 살아간다. 물건의 가격, 건물의 광고판, 시선이 마주치는 타인의 직업과 연령대까지 실시간으로 정보를 받을 뿐

| 사진 4 | 영화 〈아논〉의 한 장면

만 아니라 모든 순간이 영상 데이터로 저장되어 언제든 재생이 가능하다. 모바일 기기·웨어러블 안경·차량 카메라를 통해 관찰되는 모든 영상이 서버로 전송되는 즉시, 고도의 데이터 분석 알고리즘을 거쳐 초저지연 상태로 사용자의 주변 환경에 정보가 덧입혀져 증강현실이 구현되는 것이다.

이미 유사한 서비스가 있다. 거리를 스마트폰 카메라로 비추면 상점에 대한 설명이 표기되거나, 운행 중인 차량의 전면 유리에 현재 통과지역 주변 정보 또는 내비게이션이 표시되는 서비스가 그 예다.

이처럼 증강현실은 모바일 환경에서 이용가치가 더 크다. 사용자의 실시간 환경을 인식해 대용량 데이터의 업로드와 다운로드가 끊임없이 일어나야 하기 때문이다. 모바일 장비(아이폰) 기업인 애플의 CEO 팀 쿡(Tim Cook)이 "AR이 우리가 일하고 노는 모든 방법을 바꿀 것"이라고 입만 열면 AR을 강조하는 것도, AR 기술과 '이동(mobility)'의 시너지가 가장 클 것으로 생각하기 때문이다.

최근 애플이 AR과 VR을 모두 구현할 수 있는 헤드셋 개발에 들어갔다는 소문도 있는데, 실제로 무선 디바이스를 활용해 사용자의 주변 세계에 디지털 3D 정보를 겹치게 하면 더 몰입도 높고 편리한 정보를 제공하는 플랫폼이 될 여지가 크고, 따라서 이 시장이 폭발적인 잠재력을 갖고 있다고 보는 것이다.

융합현실(Merged Reality)의 특징과 현주소

융합현실은 다소 생소하게 들린다. VR이나 AR처럼 내세울 만한 실제 사례가 아직 별로 없어서다. MR을 융합현실(Merged reality)이라 불러야 할지, 혼합현실(Mixed reality)라 할지, 아니면 하이브리드현실(Hybrid reality)이 맞는지를 두고 갑론을박 중이니, 이것만 봐도 아직 초기 단계임을 알 수 있다.

융합현실은 증강현실과 가상현실을 통합, 양쪽의 장점인 현실감과 몰입감을 모두 주는 것이다. 실제 공간에 입히는 디지털 마술이라고나 할까. 마이크로소프트가 개발한 혼합현실 기반 웨어러블 기기, 홀로렌즈가 대표 사례다. 홀로렌즈는 100퍼센트 가상의 화면을 보여주는 가상현실(VR)이나 실제 화면에 덧씌우는 증강현실(AR)과는 달리, 실사 위에다가 실물의 스캔된 3D 이미지를 출력해주며 손가락을 이용해 이미

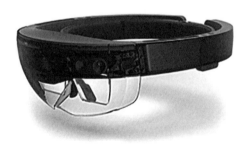

| 사진 5 | MR 기기 홀로렌즈(출처 : 마이크로소프트)

지를 이동하는 것이 가능하다. 즉, 실제 내 거실의 소파에 방탄소년단 멤버들을 앉힐 수 있다. 물론 진짜 방탄소년단 멤버는 아니지만 실물 방탄 멤버를 스캔해서 만든, 그래서 똑같아 보이는 3D 이미지다.

내 사무실 진짜 책상 위에 3D로 구현한 드림카를 올려두는 것도 가능하다. 또 이를 터치나 음성으로 조작할 수 있다는 것이 특징이다. (또한 이 기기는 PC나 스마트폰 같은 다른 기기에 연결하는 디스플레이 헤드셋이 아닌 윈도우 PC 기능을 완전히 내장했다. 개발자용 에디션이 2016년 3,000달러의 가격으로 출시됐다. 일반 사용자 에디션도 잇따라 출시 예정이었지만 현재는 미뤄진 상태다.) 모니터 안에 머물던 영상 콘텐츠를 밖으로 끌어내 현실에 중첩시키고, 조작도 할 수 있는 것이다.

가상현실에서는 콘텐츠가 제공하는 가상만을 체험하게 된다. 하지만 융합현실에서는 사용자가 있는 모든 곳의 현실 상황을 이식, 현실의 변형이 일어난다. 예를 들어 내 방을 MR로 인식해 방과 방 안의 여러 사물을 우주선 선실처럼 변형할 수 있다.

융합현실 기술의 잠재력은 높게 평가받지만 본격적으로 실현되기엔 아직 이른 것으로 보인다. 한 예로, 2016년 인텔은 개발자 포럼에서 가상 드럼을 멋지게 연주하는 시연을 하며 차세대 집중 투자 대상으로 융합현실을 들고 나왔다. '프로젝트 얼로이(Project Alloy)'라 불린 이 야심찬 계획은 그러나 1년 만에 중단돼 이후 진전 상황이 알려지지 않은 상태

게임	VR의 가장 쉬운 접목사례는 게임이다. 게이머들은 완전한 몰입감을 원하며, 새로운 기술에 민감하고 빠르게 받아들이는 '얼리어답터'들이다.
비디오 엔터테인먼트	VR은 1인칭 시점으로 마치 공연장에 직접 와 있는 것 같은 체험을 제공해 준다.
관광	VR은 외국, 낯선 도시, 섬 등 세상 어디든 우리를 데려다 준다.
엔지니어링	AR/VR 기술은 컴퓨터응용가공(CAM)과 컴퓨터이용설계(CAD) 시장 모두에서 활용된다.
헬스케어	AR/VR은 통제 가능한 환경을 제공, 공포증 치료에 활용된다. 또 재활과 스포츠 트레이닝에서도 쓰인다.
소매업	소매업자들은 VR을 통해 가상 쇼핑 경험을 제공한다. 차량 딜러와 건축가들을 위한 가상 쇼룸이 좋은 예다.
부동산	구매자는 중개인 없이도 사거나 임대 하려는 집을 VR 기기를 통해 둘러볼 수 있다.

| 표 2 |

다. 일정 수준 이상의 몰입감과 현실감을 구현할 수 있는 독립형 디바이스 개발이 쉽지 않았고, 파트너사가 적극적이지 않았던 것이 중단 배경으로 알려졌다.

5G와 새로운 현실이 가져올 기회는 무엇인가

VR, AR, MR 등 각종 신종 '현실'들은 앞으로 어떻게 활용될까? 이런 기술이 퍼져나갈 때 비즈니스 기회는 어디 있을까? 〈발레리안 : 천 개 행성의 도시(Valerian and the city of a thousand planets)〉라는 영화를 보면, '빅마켓'이라는 황량한 사막이 나온다. 이 곳에서 우주 첩보 요원들이 작전을 벌인다. 실제로는 아무것도 없는데 VR 헤드마운트를 착용하는 순간, 온 우주 상품을 살 수 있는 상점 백만 개가 모인 우주 최고의 쇼핑 관광지로 변신한다.

시작 단계이긴 하지만 실제 이와 비슷한 시도가 활발히 이루어지고 있다. 일본 전자상거래기업 라쿠텐은 해외에 있는 결혼식장을 사전에 가상으로 답사하는 서비스를 출시했다. 가구업체 이케아는 '이케아 플레이스'라는 앱으로 고객이 자기 집에 가구를 미리 배치해 볼 수 있게 했다. 대형 가구를 사기 전 많은 이들은 '이 가구가 멋지고 튼튼하고 가격도 좋은데, 우리 집에 어울릴까?'를 고민하는데, AR을 응용한 앱으로

이 고민을 덜어주는 것이다. 표 2를 보면 이미 여러 업종에서 VR, AR, MR을 적극적으로 활용하고 있음을 알 수 있다.

가상현실(VR) 활용에 가장 적극적이며 앞서가는 영역은 게임을 필두로 한 개인 엔터테인먼트다. 1인칭 시점의 높은 몰입감으로 게임 속 세상에 들어가거나, 에베레스트 최정상이나 화성 한복판, 팝스타 아델 공연장 제일 좋은 좌석에 앉을 수 있다. 이제껏 극소수의 사람들만 했던, 또는 누구도 하지 못했던 경험을 제공해 사용자를 모은다. 성인 콘텐츠가 성장 동력이 될 것이라는 관측도 유력하다. 당장 많은 기업이 관심을 보이는 것은 가상 쇼룸이나 부동산에서 시간 공간 제약 없이 구매를 증진시키는 활동이다. 매장 상품 디스플레이를 바꾸지 않고도 고객에 맞춰 상품 구색을 변경할 수 있고, 고객이 원하는 것을 쇼핑하려고 이 매장 저 매장 돌아다닐 필요도 없다.

마케팅뿐 아니라, 증강현실(AR)로 사물을 디자인하거나 숙련된 장비·군사·의료 관련 기술을 교육·훈련하는 등 기업 내부 운영(operation) 목적으로도 활용되기 시작했다. 독일 폭스바겐 그룹은 가상현실 기술을 활용, 2018년에만 1만 명의 인력에게 생산 훈련을 할 것이라고 밝혔고 보잉 역시 비행기 배선을 연결하는 데 구글 글래스를 사용하는 테스트를 진행 중이다. 미국 파머스보험(Farmers)은 가상현실에 파손된 차량과 집을 구현해 놓고 보험청구(claim) 담당 직원들이 피해 규모를 산출해 보는 트레이닝 프로그램을 실시한다.

새로운 현실을 맞이하는 국내 기업의 로드맵

이제까지 차세대 통신망 5G와 가상·증강·융합 현실의 결합이 불러올 변화를 살펴봤다. 세상이 어떻게 변하고 어떤 새로운 풍경이 펼쳐질지에 대해 어렴풋하게나마 그림이 그려졌다면, 그 다음 우리에게 떠오르는 질문은 늘 같다. 그럼 이제 우리는 무엇을 해야 하는가. 무엇을 할 수 있는가.

현재 가상·증강·융합 현실 기술은 장비(device) 제조업체가 소비자 또는 기업 고객, 콘텐츠 서비스 업체 사이에서 주도권을 확보해 나가는 형태로 생태계가 만들어지고 있다. 이런 형국은 당분간 지속될 것이다. 특히 구글·페이스북 같은 기존 온라인 플랫폼 주도 기업이 가상·증강 현실 장비 업체를 인수해 이 영역에 빠르게 진입하고 있음을 주목할 만하다. 페이스북은 2014년 오큘러스(Orculus) VR을 2조 4,000억 원에 인수했다. 구글과 알리바바 등은 MR 매직 리프(Magic Leap)에 1조 원 넘는 돈을 투자했다. (매직 리프의 가능성에 대해서는 전망이 극단적으로 엇갈린다. 아이폰 이상의 폭발력이 있을 것이라는 시각이 있고 반면, 희대의 기술 사기가 될 것이라는 악평도 있는데 2018년 8월 여름 드디어 AT&T를 통해 Magic Leap One Creator Edition을 공개했다.)

그러나 구글 같은 선도 IT 기업이 아닌 보통의 기업이 직접 관련 장비 업체에 투자하기는 어렵다. 여기는 그들만의 리그다. 플랫폼 주도

가상 · 증강 · 융합 현실의 사업영역과 기업이 참여 또는 활용할 수 있는 영역을 보여주는 프레임. 기업 내부의 운영 효율을 높이기 위해 활용할 부분과, 고객을 상대로 한 비즈니스에 진출 또는 활용할 부분을 구별해서 접근할 필요가 있다.

MR

VR   AR

Contents

SW

대내

Platform

| Human Resource |
| Finance |
| Operations/Development |

HMD

대외

H/W

Engine

| Marketing&Sales |
| Customer Service |

| 그림 26 |

권을 쟁취하기 위해 거대 IT 기업들이 각축전을 벌이는 영역이고, 자체 기술 개발은 물론 막대한 투자 여력이 있어야 이 싸움에 뛰어들 수 있다.

디바이스와 콘텐츠를 직접 생산하는 기업이 아니라면 가상·증강·융합 현실을 플랫폼 자체가 아니라, 유용한 도구(enabler)로 활용하는 접근이 더 현실적이고 타당하다. 단, 과거 다른 기술과 달리 가상·증강·융합 현실은 그 활용 가능 범위와 구현 수준을 정확히 이해하고 하드웨어, 소프트웨어, 콘텐츠, 서비스의 요소요소마다 적합한 파트너를 찾는 일이 중요하다. 기술에 현혹돼 무턱대고 덤볐다가는 투자비만 펑펑 쓰고 누구도 원치 않는 수준 낮은 서비스를 만들어 낼 가능성이 농후하다. 앞서 폭스바겐이 내부 교육용으로 VR을 활용하고 있음을 언급했는데, 이는 가상·증강·융합 현실은 외부 고객에게만 적용하는 것이란 선입견을 버린 좋은 사례다.

그림 26은 가상·증강·융합 현실의 사업 영역과, 기업이 참여할 수 있는 영역에 대한 일종의 프레임을 보여 준다. 기업은 대외, 내외에서 각각 어떤 기능을 구현할 것인지 선정해야 하고(가상·증강·융합 현실 중 어느 것이 내 비즈니스와 맞는가), 이를 구현하기 위한 기술과 파트너(소프트웨어, 하드웨어)를 탐색하는 방식으로 접근할 필요가 있다. 우리나라의 경우, 통신사 주도로 일반 소비자 대상 VR·AR 서비스가 하나둘 출시되고 있으나 기업 내부 오퍼레이션 용도의 활용 사례는 드물다.

미래 진화 양상에 대해서는 여러 관측이 있지만, 분명한 것은 원하든 원치 않든 5G 시대가 곧 개막되고 이와 맞물려 가상·증강·융합 현실 서비스가 침투하면서 기업과 고객들이 기존에 체험하지 못했던 경험을 하게 된다는 것이다. 이때 과실을 향유하는 사업자는 물론 일차적으로는 기술과 플랫폼을 보유한 기업이겠지만, 기술을 잘 이해하고 적절한 파트너십을 충분히 확보한다면 누구라도 승자가 될 수 있다.

PART 7

애드테크

광고, 예술의 옷 위에 기술의 날개를 달다

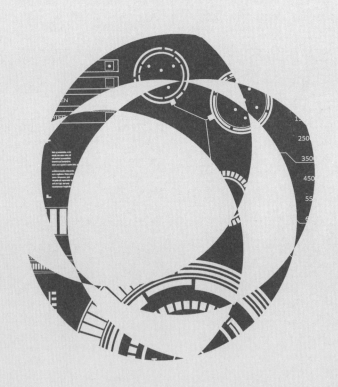

유튜브는 공짜가 아니다. 유치원생도 안다, '헤이지니 언니'를 보려면 'Skip AD in 10 seconds'의 숫자가 줄어들 때까지 기다려야 한다는 것을. 콘텐츠를 즐기려면 광고를 피할 수 없다. 이를 다른 각도에서 말하면, 광활한 디지털 세상에 더 광활한 광고시장이 열렸다.

이전에는 신문, TV, 라디오, 잡지, 옥외 전광판 같은, 이른바 '전통매체'가 광고를 게재할 수 있는 거의 모든 공간이었다. 하지만 불과 몇십 년 만에 전통매체는 빠르게 위축됐다. 이미 광고시장의 주경기장은 디지털(웹+모바일)이다. 어쩌면 디지털 네이티브 세대는 웹사이트에 콘텐츠 올리는 공간을 왜 '게시판(bulletin board)'이라고 부르는지, 콘텐츠 업로드에는 또 왜 '포스팅(posting)'이라는 이름이 붙었는지 그 어원(?)을 잘 모를 것이다.

광고시장의 주류가 디지털로 넘어오면서 광고의 스타일과 내용은 물론이고 광고 지면을 사고파는 방식, 광고를 노출하는 방식 등 모든 것이 달라지고 있다. 시장 구조와 생태계도 이에 따라 재편되는 중이다. 기존 강자는 고통스러운 변신을 시도하거나, 도태되어 퇴장한다.

반면 새 루키들이 시장의 강자로 부상했다. 한마디로 판이 뒤집혔다.

전통매체 시절엔 마케터와 제작자(크리에이터)의 감각, 영감, 아이디어, 독창성 등이 광고의 성패를 가르는 주요 요소였다. 매체의 세일즈 능력도 중요했다. 물론 디지털도 광고 콘텐츠와 캠페인의 창의성은 중요하다. 그러나 이전에는 전혀 문제가 아니었던 제3의 핵심 경쟁력이 등장했다. 광고도 기술로 한다. 애드테크(Ad Tech; Advertising Technology)다.

포털사이트, 디지털 광고 세상을 열다

광고는 기술 발전 민감도가 매우 높은 산업이다. 지난 50년 전과 현재를 비교할 때 산업지형도가 가장 많이 달라진 업종 중 하나가 광고일 것이다. 인터넷과 스마트폰 때문에 안 바뀐 산업이 어디 있나 싶을 수도 있다. 하지만 기술 발전에 따른 혁신이 전파되는 속도는 서로 다르다. 예를 들어 건설, 엔지니어링 등은 50년 전이나 지금이나 밸류체인에 큰 변화가 없다. 반면 광고산업은 매체(미디어)와 직결되어 있기 때문에 기술 발전이 거의 실시간으로 시장에 영향을 미친다고 해도 과언이 아니다.

2018년 기준 총 13조 3,000억 규모로 추정되는 우리나라 광고시장(출처 : 한국방송광고진흥공사) 중 규모가 가장 큰 것은 이미 온라인(4조

6,800억 원)이다. 방송광고는 4조 144억 원으로 이미 2년 전에 온라인에 추월당했다. 온라인 중에서도 특히 모바일의 성장세가 가파른데, 지난 5년간 연평균 37퍼센트씩 급성장 중이다. 글로벌 시장도 마찬가지다. 조사기관 MAGNA에 따르면 전 세계 광고시장 총 5,350억 달러 중 디지털 광고가 2,370억 달러로 44퍼센트를 차지할 것으로 추정됐다. TV 광고는 183억 달러(34.2%)다.

언제, 어떻게 광고시장의 중심이 전통매체에서 온라인으로 넘어오게 된 걸까. 시작은 검색 포털사이트였다. 90년대 말 글로벌에서는 야후나 라이코스, 우리나라에서는 다음, 네이버, 프리챌 등 대형 포털사이트가 등장하며 PC 웹광고 지면(인벤토리)이 급증, 노출 배너(display banner) 광고시장이 형성됐다. 이때부터 광고 게재처가 지면, 온라인으로 이동하기 시작한다.

다만 이런 배너는 광고를 거는 곳만 바뀌었을 뿐 기존 오프라인 광고와 구조가 같았다. '광고 1,000회 노출당 얼마(CPM; Cost Per Mille)'로 단가를 정하는 방식이었기 때문이다. 즉 오프라인 광고와 마찬가지로 노출 기간과 위치에 대해 일정 가격을 지불했다.

2000년대 초에 이르자 광고시장에 다시 한 번 큰 변화가 일어난다. 훗날 오버추어(overture)로 이름을 바꾼 고투닷컴(Goto.com)의 설립자 빌 그로스(Bill Gross)가 전화번호부에서 아이디어를 얻어 검색광고를 탄생시킨 것이다.

검색광고의 시작과 애드테크로의 진화

고투닷컴은 키워드마다 그에 맞는 광고를 매칭하는 광고 모델을 도입한 최초의 검색엔진이었다. 검색결과 키워드별 경매라는 새로운 방식을 적용했고 광고비는 클릭당 지불(Pay Per Click)하는 방식이었다. 쉽게 말해 고투닷컴에 광고하고 싶은 기업들을 모아 특정 검색어(예를 들어 꽃배달)에 대한 검색결과 순위를 경매로 판다. 해당 검색어에 대한 검색결과의 순위에 가장 높은 가격을 제시한 기업이 그 자리를 가져간다. 경매를 마친 뒤 유저들이 고투닷컴에서 해당 검색결과를 한 번 클릭할 때마다 그 자리를 차지한 기업은 고투닷컴에 요금을 지불하는 것이다.

당시에는 검색엔진 운영으로 수익을 낼 방법이 마땅치 않았고, 또 온갖 스팸 문서들을 걸러내고 괜찮은 검색결과를 보여주는 엔진도 많지 않았다. 고투닷컴은 야후나 AOL, 라이코스, 알타비스타 등 당시의 거대 인터넷 포털과 검색엔진에 검색광고를 제공하며 급성장했다.

한편 빌 그로스는 구글 창업자들을 만나 키워드 광고를 설명하고 인수 논의를 한 것으로 알려진다. 이 논의 과정에서 힌트를 얻은 구글은 곧 광고주용 검색광고 '구글 애드워즈'를 내놓았다. (오버추어는 검색광고 모델에 대해 특허를 갖고 있었고 나중에 양사는 소송을 벌인다). 구글 애드워즈는 초기엔 성과가 미미했으나 끊임없이 로직과 기능을 개선해 나갔고 곧 검색광고시장을 장악했다.

구글 검색광고의 큰 틀은 오버추어의 검색광고 모델과 같았으나 몇 가지가 달랐다. 오버추어는 입찰 방식으로 검색광고 순위를 조절했다. 즉, 최고가를 써낸 광고주를 검색결과 상위에 노출시켰다. 하지만 구글 창업자들은 광고라 해도 검색 품질이 우선이라고 생각했다. 사용자 경험이 더 중요하다는 철학 때문이었다.

단순히 가격만 높게 써내는 광고주가 검색결과 상단을 장악하지 않도록 애드워즈에 품질지수(quality score)라는 알고리즘을 적용했다. (무려 경제학자가 알고리즘 디자인에 참여했다. 캘리포니아대학교 하스 경영대 교수로, 미국의 저명한 정보경제학자였던 할 바리안Hal Varian이다.) 때문에 광고주가 가장 높은 금액을 입력해도 꼭 상위에 노출되지 않을 수 있다. 가격책정 방식 역시 '차상위 가격 경매(2등이 써낸 가격을 1등도 지불하는 방식)'를 채택해 광고주들로부터 인기를 얻었다.

검색광고의 확산에 따라 비로소 광고시장의 무게중심이 매체에서 유저와 광고주로 바뀌었고 타깃팅 개념이 보편화되었다. 또한 검색광고로 인해 광고효율을 높이는 자동화 플랫폼 비즈니스가 등장하게 된다. 애드테크의 시작점이다.

이제 광고시장은 모바일로 인해 또 한 번 큰 변화를 겪고 있다. 기존 포털사이트 위주로 발생했던 트래픽은 앱 기반 서비스로 이동하고 있다. 화면 크기가 제한된 모바일 환경의 특성상 검색광고와 더불어 배너 형식의 디스플레이 광고도 다시 성장세다. 수많은 앱 등장에 따라 광고주 및 인벤토리가 또 한 번 폭발적으로 증가했다. 잠금화면을 활용해 리워드를 주는 등 새로운 형태 광고도 등장하고 있다. 또한 PC 와 달리 '1인 1디바이스'인 스마트폰은 이전보다 훨씬 많고 정교한 사용자 데이터를 만들어내기 때문에, 한 차원 높은 타깃팅이 가능해지고 있다.

애드테크가 약진하는 메커니즘

이제까지 디지털 광고의 짧지만 변화무쌍한 진화 과정을 거칠게 축약해 살펴보았다. 이제 우리의 본래 관심사, 애드테크로 돌아오기로 한다. 애드테크는 사용자(user) 데이터를 토대로 이들의 구매 행태를 예측하고, 실시간으로 최적의 대상을 찾아 맞는 광고를 노출시키는 모든 기술을 말한다.

앞에서 살펴본 것처럼 애드테크는 디지털 광고의 진화와 더불어 생겨난 광고 수요자와 공급자의 필요(needs)를 충족시키고자 개발되었다. 모든 시장과 마찬가지로, 광고시장에도 수요자와 공급자가 있다. 광고를 붙일 담벼락을 가진 쪽, 그래서 광고 내용을 소비자(또는 사용자, user)에게 실어 나르는 쪽이 매체다. 매체가 가진 광고할 수 있는 담벼락 자체 및 그 담벼락의 양을 인벤토리(inventory)라 부른다. 유튜브, 페이스북, 네이버 같은 거대 기업은 물론이고 하루 백 명 방문하는 개인 블로그와 온갖 애플리케이션 모두 매체다. 과거엔 광고 할 곳이 매우 한정적이었지만 이제 인벤토리가 넘친다. 너무 많다 보니 광고를 싣지 못하고 남는 인벤토리도 많다. 광고할 담벼락을 제공하므로 이들은 광고시장의 공급자(supplier)다. 광고시장에서 이들의 목표는, 인벤토리가 남지 않게 최대한 높은 수익을 올릴 수 있게 판매하는 것, 즉 인벤토리 판매의 최적화다.

한편 공급자 반대편에는 자사 제품이나 서비스를 알리려는 광고주가 있다. 광고주의 목표는 적은 광고비를 써서 많이 파는 것이다. 즉, 광고 예산을 효율적으로 집행, 효과를 극대화하는 것이다. 광고시장에서는 수요자(demander)다.

디지털 광고 이전에는 광고 수요자와 공급자간 연결을 사람이 직접했고, 고객 타깃팅은 극히 제한적인 방법으로만 이뤄졌다. 광장의 대중에게 헬리콥터로 전단지를 뿌리듯 무작위 대중에게 같은 메시지가 전달되었다. 하지만 디지털 시대에 이런 구조는 작동 불가능하다. 현대차의 광고담당자(또는 그 에이전시)가 조선일보 광고영업팀에 전화를 걸어 "월요일자, 1면 전면 광고지면 사겠습니다"라고 주문 넣는 방식으로는 일이 될 수가 없다. 매체는 엄청 많고, 인벤토리는 더 많고, 노출은 일시가 아니라 사용자마다 건건이, 그때그때 이루어지니까 말이다. 전화로 1만 번 주문을 할 수는 없는 노릇 아닌가.

흔히 '애드테크'라 하면, 암호 같은 온갖 소프트웨어 플랫폼 이름과, 아무리 들여다봐도 해독 불가한 복잡한 밸류체인 그림부터 대뜸 등장해 입문자를 질리게 만든다(그림 27). 하지만 애드테크는 그저 광고시장

애드테크 에코 시스템 안의 모든 플랫폼은 광고주와 매체의 니즈를
충족시키기 위해 맞물려 작동한다.

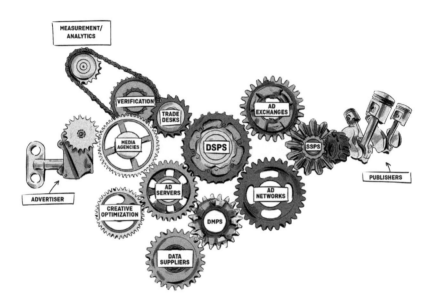

| 그림 27 | 애드테크를 이루는 요소들(출처 : www.clearcode.com)

수요자와 공급자를 돕는 툴일 뿐이다. 반복하지만 광고주의 목적(최적의 타깃을 선별해서 / 내 광고 캠페인을 성공적으로 마쳐 / 최대한 제품이나 서비스 팔리게 만들자)과 매체의 목적(가장 좋은 가격에 인벤토리를 팔아 수익을 극대화하자)에 부합하기 위해 각종 소프트웨어 플랫폼들이 개발됐고, 이 모든 것이 애드테크다.

수요자와 공급자의 니즈 분석

수요자와 공급자의 사정을 더 일목요연하게 정리해 보자. 이들의 니즈(needs)가 곧 애드테크 가치사슬에 위치한 각 플랫폼이 구현하는 기능이기 때문이다.

공급자의 니즈는 무엇인가

광고를 실시간으로 내보내야 한다. 앱 유저가 로그인할 때마다 또는 방문자가 페이지를 방문할 때마다 새 광고가 로딩되어야 한다.

매체가 가진 사용자 데이터를 근거로 광고가 실시간 노출(집행)되므로 광고가 몇 번 노출되었는지, 또 그 중 몇 퍼센트가 클릭되었는지 등 결과를 광고주에게 리포팅해야 된다. 또 이번 집행 결과를 토대로 다음 광고에 대한 전략도 도출해 주어야 광고주가 우리 매체를 또 찾을 것이며 남는 인벤토리 없이 좋은 값에 팔 수 있다.

인벤토리를 비싸게 잘 팔려면 사용자를 잘 알아야 한다. 누가 이 앱을 이용하는가, 얼마나 자주 방문하며, 방문 시 어떤 행태를 보이는가. 이런 인사이트만 있어도 인벤토리 가격은 더 비싸진다. 또 인벤토리 자체뿐 아니라, 사용자 데이터 또는 데이터를 가공해 도출한 인사이트 자체도 판매하면 더 좋다.

수요자의 니즈는 무엇인가

'아무나' 말고, 정말로 관심 있는 사람에게 광고가 도달해야 한다. 시간과 비용을 절약해야 한다. 광고는 많은 돈이 든다. 광고주는 당연히 낭비되는 비용이 있다면 줄여야 한다. 집행된 광고 캠페인이 성공적이었는지 여부를 판단할 수 있어야 한다.

소비자 여정(customer journey)을 파악할 수 있어야 한다. 실제 구매 의사결정에 이르기까지, 소비자는 여러 콘텐츠를 접한다. 어느 단계에서 결정적으로 구매를 결정하는지, 어느 단계를 개선해야 소비자 경험을 더 좋게 할 수 있는지 광고주는 알고 싶다. 더불어 광고 집행 시 우리 브랜드 이미지가 훼손되어서는 안 된다. 우리 브랜드와 맞지 않는 콘텐츠나 사이트에 광고가 노출되는 일은 없어야 한다.

이와 같은 공급자와 수요자의 사정을 염두에 두고, 애드테크 가치사슬에 위치한 각 요소를 간략히 살펴볼 차례다. 그림 27의 각 톱니바퀴다.

애드 네트워크(AD network) : 광고주와 매체를 연결하는 역할. 수없이 다양한 매체의 지면을 합치고 카테고리화해서 광고주들에게 판매한다. 광고주는 타깃 지면 도달률이 높아지고 매체는 남는 지면을 효율적으로 파는 데 도움이 된다.

DMP(Data Management Platform) : 필요한 거대한 양의 빅데이터를 잘 활용하려면 어딘가에 데이터가 잘 정리 및 저장되어 있어야 한다. 수집한 데이터를 정리하여 저장하는 것을 애드테크 영역 내 데이터 관리 플랫폼(DMP)라고 한다. DMP는 잠재고객의 데이터를 조합하여 정보를 수집하고 정렬하여 광고지면 구매 등 비즈니스에 활용할 수 있도록 돕는다.

DSP(Demand Side Platform) : 광고주가 광고 게재 지면을 구매하는 활동을 자동화하고, 캠페인을 쉽게 모니터링할 수 있게 하는 플랫폼. 광고주는 하나의 인터페이스를 통해 여러 애드 네트워크가 가진 지면을 타깃 정보에 따라 구매할 수 있다.

SSP(Supply side platform) : 매체가 인벤토리 관리, 판매를 최적화할 수 있도록 한 플랫폼.

애드익스체인지(AD exchange) : 애드 네트워크가 많아져 서로 연동이 되느냐 안 되느냐의 관계가 복잡해지면서, DSP와 SSP의 거래를 중개하는 플랫폼으로 등장.

전부 암호 같고 복잡해 보인다. 아니 복잡하다. 하지만 관련업 종

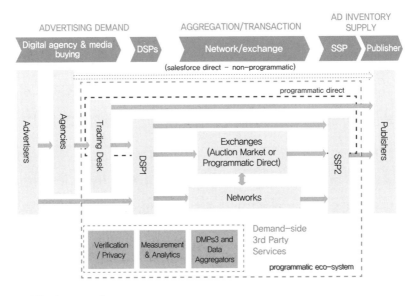

> 디지털 마케팅 밸류체인.
> 인벤토리는 여러 채널로 판매된다.

➡ Denotes money flows

1. Demand Side Platform 2. Supply Side Platform 3. Data Management Platform
Source: Rubicon, Cantor Fizgerald, BCG analysis

출처 : BCG

| 그림 28 |

사자가 아닌 한 전부 알 필요도, 외울 필요도 없다. 그저 이런 톱니바 퀴들이 맞물려 애드테크 생태계가 돌아가고 있다는 정도 알아두면 충분하다.

프로그래매틱 미디어 바잉의 배경

복잡하게 얽힌 애드테크 업계에서 요즘 가장 주목받는 쪽은 프로그 래매틱(progrmatic) 미디어 바잉이다. 정교한 타깃팅 못지않게, 광고집 행 과정 자동화가 중요해졌다. 프로그래매틱은 광고 구매와 집행을 소프트웨어로 자동화한 것을 말한다.

프로그래매틱 구매는 실시간 경쟁입찰(RTB; Real Time Bidding) 방식 으로 이루어지는 것이 많다. 기본적으로 온 디맨드(on demand 주문이 들 어오면 제작)로 인벤토리를 판매하는 방식이어서 미리 인벤토리를 사둘 필요가 없다. 광고 캠페인 목표에 따라 원하는 시점에 수시로 실시간 입찰을 통해 광고를 집행할 수 있는 것이다. 본래 RTB 방식은 미처 안 팔리고 남은 인벤토리를 처리하기 위한 판매 방식이었다. 하지만 경쟁 입찰이라 합리적인 선에서 가격이 결정되는 등 여러 장점이 부각되면 서 점차 용도가 확장되고 있다.

RTB는 입찰에 참여할 수 있는 사람의 범위에 따라 공개형과 폐쇄 형으로 나뉜다. 또 RTB가 아닌 프로그래매틱도 있다. 폐쇄형 RTB(프

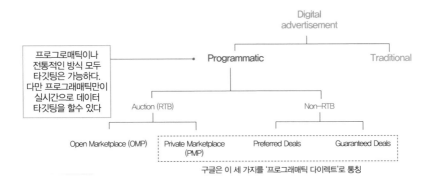

| 그림 29 |

% Share of Global Digital Ad Spend

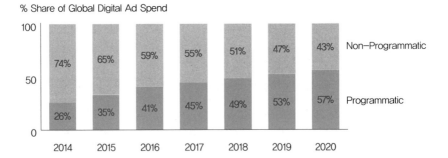

| 그림 30 |

152

	광고주(수요자)	매체 (공급자)
타깃팅	더 나은 비용 대비 효과를 얻을 수 있는 타깃팅 능력	인벤토리 타깃팅이 가능해져, 쌓여 있는 데이터로부터 수익 창출
빈도	자동화를 통한 더 높은 도달률, 더 많은 노출횟수 구현	노출을 실시간으로 판매할 수 있어 가격 조정이 용이하고, 수익 극대화
투명성	목표로 한 소비자에게 광고가 제대로 이뤄졌는지 잘 파악됨	각 인벤토리의 시장 가격 정보가 투명해짐
경제성	불필요한 광고가 줄어들어 비용 절약	자동화 통한 인건비 절감, 데이터를 활용함으로써 새로운 수익 창출

| 표 3 |

라이빗 마켓플레이스)와 비RTB 프로그래매틱을 묶어 '프로그래매틱 다이렉트(Programmatic Direct)'로 분류하기도 한다. 자동화된 시스템을 이용하되, 웹사이트나 앱의 프리미엄 광고 지면이 공개 경매에 올라가기 전에 미리 선점하고 싶은 광고주는 이 방식을 선호한다.

경쟁입찰로 하든 다이렉트로 하든, 어쨌든 프로그래매틱 시스템을 사용하면 인벤토리 판매자와 구매자 모두 디지털에 걸맞은 속도로 일을 처리할 수 있고, 물리적 거리도 문제가 되지 않는다. 때문에 프로그래매틱은 점점 대세가 되고 있다. 이마케터 조사에 따르면 프로그래매틱으로 구매·판매되는 광고가 급증하고 있으며, 2020년까지는 모든

디지털 광고의 약 60퍼센트가 프로그래매틱으로 거래·집행될 것으로
예측한다.

구글과 페이스북은 어떻게 1등 담벼락을 갖게 되었나

구글과 페이스북을 빼고 디지털 광고시장 및 애드테크를 이야기하
기는 불가능하다. 양사는 글로벌 디지털 광고시장의 61퍼센트, 미국
시장의 73퍼센트를 차지한다(2017년 말 기준, 이마케터). 물론 막강한 플랫
폼 덕이다. 뿐만 아니라 디지털 광고의 가능성을 한 발 먼저 인식하고,
관련 기업을 적극적으로 인수 합병해 사용자 데이터를 확보했으며, 타
깃팅과 실행 기술을 축적해 왔다. 구글은 애드테크 시장 거의 모든 생
태계에 관여하고 있다.

앞서 구글 검색광고의 시작을 간략히 언급했었다. 실제로 우리가 현
재 웹페이지를 돌아다니다 보면 여기저기 뜨는 배너 광고의 대부분이
구글 GDN광고다. '나'라는 사용자만 겨냥해 뜨는 맞춤형 광고로, 구
글 GDN은 구글에서 검색하지 않았어도 '구글 디스플레이 네트워크
(google display network)에 포함된 사이트 방문 사용자 모두를 대상으로
집행된다. 어제 신형 노트북을 잠깐 찾아 봤었고, 오늘은 이와 무관한
사이트에서 연예 뉴스를 보는데 여기 노트북 광고가 뜨는 것이 GDN
광고다.

구글이 최대 사용자를 확보하고 있는 유튜브를 인수한 것도, 동영상 플랫폼 확보 및 이를 통해 어마어마한 데이터를 수집할 수 있어서였다. 사용자가 콘텐츠를 검색하고 시청하는 매 순간 순간 데이터가 모인다. 어떤 동영상을 검색했는지, 언제 동영상의 정지 버튼을 누르는지, 언제 되감는지, 언제 빨리감기를 하는지 등 이용자의 모든 행태 데이터 축적이 가능하다.

페이스북 역시 강력한 플랫폼을 바탕으로 디지털 광고 세계에서 독보적인 위치를 점유한 IT공룡이다.

구글과 달리 페이스북의 타깃팅 광고는 페이스북 안에서 이루어진다. GDN 광고는 구글에서 검색을 했든 안 했든, 또 구글 계정 가입자이든 아니든 무관하게 GDN에 들어 있는 웹사이트 방문자에게 실행된다. 반면 페이스북 광고는 페이스북 회원을 대상으로 노출된다.

서울 거주 30대 남성 페이스북 유저의 뉴스피드에 남성 전용 셔츠배달 서비스 스타트업 광고가 뜬다. 이는 광고주인 셔츠배달 서비스 업체가 '수도권 거주자, 30대 남성'을 타깃 옵션으로 미리 지정했기 때문이다. 광고주가 지정한 조건에 해당하는 사용자가 페북에 접속을 하면, 실시간으로 광고가 집행된다. 페이스북의 타기팅 광고는 사용자가 직접 입력한 데이터를 바탕으로 하기 때문에 정확도가 높다. 또 사용자가 광고주 사이트를 방문했을 때 생성된 쿠키를 바탕으로, 같은 사용자가 페이스북에 접속하면 관심을 보였던 제품 광고가 다시 노출되는 방식의 타깃팅도 실행된다.

페이스북 역시 데이터 확보를 위해 엄청난 노력을 기울이고 있다. 인스타그램 인수를 통해 다량의 사용자 데이터를 확보하고 타기팅 기술을 내재화하는 한편 외부에서 데이터를 사오는 일에도 적극적이다. 페이스북 밖에서 발행한 유저 데이터를 수집하기 위해 데이터 브로커 업체인 엑시옴, 데이터 로직스 등과 협력해 왔다. 이를 서드 파티 데이터(third party data)라고 부르는데, 이렇게 데이터를 주고받는 과정에서 최근 심각한 사회적 이슈가 된 페이스북 데이터 스캔들이 발생하기도 했다. (페이스북의 협력업체인 영국 통계정보분석회사 캠브리지 애널리티카가 2014~2015년 페이스북 가입자 5,000만 명의 개인정보를 수집, 사용해 2016년 미국 대선 당시 도널드 트럼프 후보 진영을 위해 일한 기업에 대량으로 넘긴 사건이다.)

애드테크 시대, 우리는 무엇을 준비해야 하는가

하루의 대부분을 스마트폰과 PC를 보며 지내는 우리는, 어떤 식으로든 디지털 마케팅 및 광고와 연관돼 있다. 또 모든 기업과 사업자는 광고주이자 동시에 매체다. 디지털 광고의 큰 혁신 중 하나는 누구나 광고와 마케팅을 할 수 있다는 것이다. 과거엔 코카콜라 같은 대기업이나 TV에 광고 낼 생각을 했다. 지금은 동네 커피숍도 광고를 할 수 있고, 타깃팅을 잘하면 코카콜라보다 나은 광고 효과를 얻을 수도 있다.

그럼 애드테크 발전에 따라 우리는 무엇을 준비해야 하는가. 처한 입장마다 대응방식은 다르겠지만, 애드테크 세계에서 보편 통용될 중요 원칙을 안다면 내 입장에 맞게 변형 가능할 것이다.

첫째, 데이터의 중요성을 인식해야 한다. 고품질의 사용자 데이터 확보가 생명이다. 고품질의 사용자 데이터를 다량 확보할 수 있는 기업이 광고를 지배하는(사실은 광고를 넘어서 모든 것을 지배하는) 시대다. 데이터의 중요성이 커질수록 구글과 페이스북 등 플랫폼 기업의 영향력은 더 커질 수밖에 없다. 그렇다고 모두가 이들처럼 애드테크 업체에 투자하거나 인수할 수는 없는 노릇이다. 직접 데이터 확보가 어렵다면 제휴를 통한 데이터 확보도 좋은 방법이다. 각종 쇼핑 서비스와 스마트홈 업체와 제휴를 해서 유저 구매 행태, 라이프 행태를 예측할 수 있는 데이터 확보에 적극 나서면 된다. 특히 구매로 이루어진 결제 데이터는 최상의 가치를 갖는다.

정교한 타깃팅에서 독보적인 위치에 있는 넷플릭스 부사장 토드 옐린은 "(소비자) 취향을 예측하는 데 위치, 성별, 나이 정보는 쓸모가 없다"며 "쓰레기통에나 던져 버려야 한다"고 말한 바 있다(2016년 3월 27일 〈포춘〉 기사). 이런 자신 있는 단언은, 넷플릭스가 방대한 사용자 정보를 토대로 강력한 인사이트를 구축했기 때문에 나올 수 있는 것이다. 예를 들어, 일본 애니메이션을 일본 사람들이 주로 볼 것이라는 게 일반적인 통념일 것이다(위치, 국적 정보). 그런데 실상은 전혀 다르다. 넷플릭스 일본 애니메이션 스트리밍 트래픽의 90퍼센트 이상은 일본 바깥에서 온 것이다. 당신이 미국인이냐 독일인이냐 보다 '아니메 덕후'인가 아닌가가 훨씬 중요한 것이다. 빅데이터 시대에 소비자 프로파일링을 인종, 지역 같은 큰 카테고리로 하려는 것은 안이한 시도라는 뜻이다. 그런데 여전히 데이터 활용에서 뒤쳐진 많은 기업들이 (넷플릭스에 따르면) 쓰레기통에나 들어가야 할 정보에 의존하려는 것은 디지털 시대의 '쌀'에 해당하는 양질의 데이터를 확보하지 못하고 있기 때문이다.

두 번째, 데이터만큼이나 데이터를 다룰 줄 아는 사람, 즉 데이터 사이언티스트가 중요하다. 다양한 미디어에 둘러싸인 유저에게 효과적인 채널은 무엇인지, 수년간 유저의 미디어 사용 행태는 어떤지를 알려면 데이터를 가공, 분석해야 한다. 데이터가 서말이라도 꿰어야 보배다. 데이터 사이언티스트와 빅데이터 전문가는 광고업계에서도 귀하게 대접받을 것이다. 특히 모바일의 확장은 더 많은 데이터를 생산해 내고 있으며, 데이터 분석은 점점 정교화되고 있다.

셋째, 애드테크 생태계는 혼자서는 살아남을 수 있는 곳이 아니다. 다양한 관련 기업과의 제휴 및 협력이 중요하다. 빠르게 발전하는 애드테크 기술을 배우고, 제휴 관계를 적극적으로 구축하기 위한 열린 마인드를 가져야 한다. 구글 같은 절대 강자도 애드테크 기업들과 함께 생태계를 만들기 위한 노력을 아끼지 않는다. 구글 퍼블리셔 대학 (Google Publisher University)에서는 광고 에이전트들에게 직접 디지털 광고 기술, 업계 동향에 대해 교육한다. 이곳에서 비디오 광고, 인터랙

티브 광고 등 업계를 주도하는 광고 기법과 관련 기술을 공유한다. 또 구글 디지털 창고(Google Digital Garage)에서는 대면으로 디지털 주제 세미나를 개최한다. 애드테크와 퍼블리셔 기업들이 한데 모여서 서로 의 요구와 현황을 파악할 수 있도록 판을 깔아주는 것이다.

넷째, 기술 내재화의 중요성을 꼽을 수 있다. 기술을 모르고는 더 이 상 광고시장에서 살아남기 어렵다. 이제 광고는 아트가 아니다. 애드 테크를 주도하는 기업들 사이에 정교한 타깃팅, 비딩 매칭, 데이터 효 율적 관리 툴 등 애드테크에 필요한 기술들을 모두 품어 내재화하려는 움직임이 포착되고 있다.

4차 산업혁명
6개의 미래지도

초판 1쇄 발행 2018년 10월 14일   초판 5쇄 발행 2019년 10월 14일
지은이 보스턴컨설팅그룹 서울오피스   펴낸이 김영범

펴낸곳 (주)북새통 · 토트출판사
주소 서울시 마포구 월드컵로36길 18 902호   (우)03938 대표전화 02-338-0117 팩스 02-338-7160
출판등록 2009년 3월 19일 제 315-2009-000018호 이메일 thothbook@naver.com

ⓒ 보스턴컨설팅그룹 서울오피스, 2018
ISBN 979-11-87444-32-9 13320